LA
GUERRE D'ORIENT

DRAME MILITAIRE EN TROIS ACTES

ET VINGT TABLEAUX

PAR

MM. ALBERT ET DE LUSTIERE

Musique de M. Fessy. — Ballets de M. Honoré. — Décors de MM. Wagner, Sachetti, Georges. — Machines de M. Auguste Marie. — Costumes dessinés par M. Alfred Albert, exécutés par M. Adolphe Poinselet et Mme Garnier.

Représenté pour la première fois, à Paris, sur le théâtre impérial du Cirque, le 10 juillet 1854.

PARIS
MICHEL LÉVY FRÈRES, LIBRAIRES-ÉDITEURS
RUE VIVIENNE, 2 *bis*.

1854

DISTRIBUTION DE LA PIÈCE.

Personnages		Acteurs
EUGÈNE DORGERES, chef-d'escadron d'état-Major.	MM.	LERREY.
LOMBARD, ouvrier peintre.		WILLAR.
MICHEL CLODSKO.		COULOMBIER.
BISKARA, sergent dans les zouaves.		PASTELOT.
DUBOIS, portier.		THÉOL.
PHARAMOND DELESTRELLES, dandy, puis chasseur d'Afrique.		GERPRÉ.
CASCARET, garçon pâtissier.		BENJAMIN.
ÉLOI, ouvrier peintre.		MOLINA.
BROGHILL, Anglais.		CH. POTIER.
LE PÈRE St-CHAUMONT, vieux militaire.		CHEVALIER.
L'AMIRAL NAPIER.		CORDIER.
LORD PALMERSTON, président du banquet.		BORSA.
LE GÉNÉRAL EVANS.		SALLERIN.
L'AMBASSADEUR DE TURQUIE.		EDOUARD.
BROMINE, général russe.		BOILEAU.
UN BRIGADIER DE CHASSEURS D'AFRIQUE.		TOURTOIS.
OGHILEFF, colonel russe.		PRÉVOST.
L'AMIRAL FRANÇAIS.		SALLERIN.
L'AMIRAL ANGLAIS.		BORSA.
OMER PACHA.		ARTHUR.
LE CAPITAINE DU FURIOUS.		NÉRAULT.
UN COLONEL COSAQUE.		COCHET.
VOLSKI.		POLONIER.
JOSEPH.		CHAMPIN.
LE PRINCE ZÉVANOFF.		BORSA.
UN CHIRURGIEN RUSSE.		NÉRAULT.
LE SULTAN ABD-UL-MÉJID.		NOEL.
UN MARÉCHAL DE FRANCE.		NOEL.
JEAN CLODSKO, père de Michel.		CORDIER.
UN SERGENT DE MARINE.		OGER.
DRICK, matelot anglais.		DARCOURT.
DIMISKO, fermier.		BRICHARD.
UN OFFICIER COSAQUE.		ACHILLE.
UN COLONEL TURC.		
UN MATELOT FRANÇAIS.		LANGLOIS.
UN MAITRE DE DANSE.		
UN MAITRE D'ARMES.		
UN GARÇON DE FERME.		
A CIVILISATION.	Mmes	JOSÉPHINE.
JUANISKA.		RAVIER.
FLEURETTE.		CLÉMENCE.
NÉDJOUMAH.		MARIE BERTAUD.
UN GROOM.		DENISE.

OFFICIERS ET SOLDATS FRANÇAIS, RUSSES, ANGLAIS, TURCS, MATELOTS, ANGLAIS ET FRANÇAIS, PAYSANS MOLDAVES, CONSCRITS FRANÇAIS.

LA GUERRE D'ORIENT

ACTE I.

Premier Tableau.

LE VILLAGE DE SLUTZ.

Le théâtre représente une place publique du village de Slutz. L'action se passe au mois de février 1854.—A gauche et à droite, sur les premiers plans, des maisons de paysans avec des portes donnant sur la place; à droite, aux plans reculés, une chapelle avec une madone au-dessus de la porte d'entrée, qui est exhaussée de quelques marches; au fond la campagne, et sur la gauche un château féodal sombre et menaçant; tout est couvert de neige.

SCÈNE PREMIÈRE.

JEAN, JUANISKA, MICHEL, JOSEPH WOLSKI, PAYSANNES, PAYSANS, réunis sur la place.

JEAN.

Voici l'heure de la prière du soir, notre église est maintenant fermée, notre vénérable pasteur nous a été enlevé... Mais Dieu continue d'entendre nos prières, adressons-les-lui à la porte de son temple. Venez, mes amis, prions, prions pour tous ceux qui souffrent et qui pleurent; prions aussi pour ceux qui font souffrir les autres. (Tous s'agenouillent.) — *Prière.* — Mon Dieu, prends pitié de nous, que nos douleurs effacent nos fautes, que notre repentir obtienne ta céleste miséricorde; abrége s'il se peut les rudes épreuves que ta justice nous impose, et s'il faut les subir encore, donne-nous la force et le courage de les supporter!...

JUANISKA, apparaissant sur les marches de l'église.

Dieu juste, Dieu vengeur des opprimés, donne-nous le courage de résister aux méchants et la force de les vaincre!...

JEAN.

Ne parlez pas ainsi... (On se relève.) Le Dieu que nous servons a horreur du sang et de la vengeance, c'est le Dieu de la paix et de la résignation.

JUANISKA.

C'est aussi le Dieu des combats!... Il aime les cœurs dévoués et les bras résolus... Il marchait avec Judas Machabée contre Antiochus, c'est le Dieu de Judith, de Jaël, de Jeanne d'Arc!..

JEAN.

Taisez-vous, Juaniska.

MICHEL.

Elle a raison...

JEAN.

Elle a tort... le czar ne pardonne pas à la révolte; il nous a imposé sa domination... subissons-la puisque nous ne pouvons nous en affranchir.

JUANISKA.

Triste sort que le nôtre... Quelle lutte nous coûterait plus de sang que ne font ces continuelles levées de soldats dont on accable notre pays... Les enfants arrachés au sein de leurs mères, et qu'il envoie sur les bords du Volga et du Don oublier le nom de leur père, celui de leur patrie!... Oh! c'est un habile médecin que le czar, il craint la fièvre pour nous, et il nous saigne sans cesse. Aussi je vous le dis : ce repos c'est la mort, la mort lente et ignominieuse; nous expirons couchés sur la paille de la servitude, au lieu de périr debout sur le champ de bataille de l'indépendance.

JEAN.

Si l'on entendait vos paroles, vous seriez perdue, Juaniska.

JUANISKA.

J'irais retrouver mon père et ma mère dans le ciel.

JEAN.

Vous iriez avant faire un long voyage en Sibérie.

JUANISKA.

J'y rejoindrais nos sœurs, qui n'ont pas voulu renoncer à leur foi catholique pour adorer le czar.

UN PAYSAN.

Et vous recevriez le knout comme on a eu l'infamie de le leur donner.

JUANISKA.

Subir le knout pour sa patrie et sa foi, c'est un noble martyre... Oh! si j'étais un homme!... (Elle s'éloigne.)

SCÈNE II.

JEAN, WOLSKI, QUELQUES PAYSANS.

JEAN.

Le sang de son père coule entier dans ses veines. La nature s'est étrangement trompée en faisant d'elle une femme et de son frère un homme.

WOLSKI.

Son frère... Mais depuis quelque temps nous ne le voyons plus.

JEAN.

Juaniska l'a fait passer en Autriche il y a déjà trois mois; elle craignait pour lui, si faible, si chétif, une de ces levées en masse dont nous accable le czar.

WOLSKI.

Pauvres enfants... et dire que leurs ancêtres étaient seigneurs de toute cette contrée. Oh! je me rappelle leur père, qu'il était brave et beau!... Êtes-vous donc bien certain de sa mort?

JEAN.

Le comte son père est mort dans les mines de l'Oural, après cette fatale échauffourée de Lublin. M'ayant confié sa femme et ses deux enfants encore tout petits, le comte prit la fuite pour gagner la frontière autrichienne, et on n'entendit plus parler de lui. Sa famille fut dégradée de toute noblesse, ses biens confisqués, mais on espérait qu'il s'était sauvé : sa femme élevait ses enfants dans la misère du présent et dans l'epérance de l'avenir ; quand il y a deux ans un étranger vint ici, demanda à voir la comtesse, et lui remit un petit sachet cacheté. C'était une mission suprême dont il s'acquittait et qu'il n'avait pu accomplir plus tôt. Cet homme apportait le dernier adieu du comte à son épouse et à ses enfants, et cet adieu datait de dix ans!

WOLSKI.

Il était mort depuis dix ans!...

JEAN.

Oui, et ce que renfermait ce petit sachet composait l'héritage du comte. C'était un anneau de mariage et une mèche de cheveux blancs!

WOLSKI.

Des cheveux blancs? le comte était tout jeune.

JEAN.

Il avait vingt-neuf ans quand il est mort... mais on vieillit si vite dans les mains du czar... La comtesse, frappée par cette fatale nouvelle, mourut elle-même quelques mois après, et je suis devenu le père de deux orphelins!

SCÈNE III.

LES MÊMES, JOSEPH.

JOSEPH.

Au secours, mes amis, des pelles!... des pioches! des cordes!... vite!... Juaniska, un voyageur viennent de s'engloutir dans le ravin situé à droite de la côte.

MICHEL.

Juaniska!... (Il sort en courant.)

JOSEPH.

Vous savez, elle a l'habitude d'errer ainsi à l'aventure; elle était sur la route, quand le voyageur a perdu pied, elle a voulu lui porter secours et est tombée avec lui.

WOLSKI.

Quelle folie! pour un étranger, pour un Russe peut-être!

JEAN.

Quel qu'il soit, c'était un homme en danger... elle a bien fait. Courons! (Ils sortent tous.)

SCÈNE IV.

BROMINE, UN OFFICIER DE TROUPES, UN ADMINISTRATEUR CIVIL, UN AIDE DE CAMP, QUATRE CAVALIERS D'ESCORTE.

BROMINE.

Cette liste est exacte, vous en êtes certain?

L'OFFICIER.

Oui, monseigneur.

BROMINE, à l'Officier.

Le reste vous regarde maintenant, monsieur. Remplissez votre mission avec le zèle et le dévouement qui conviennent à un fidèle serviteur de notre auguste maître. Tout est réglé, vous n'avez plus qu'à me rejoindre le plus tôt possible. (Jetant un dernier coup d'œil sur la liste.) Je vois ici un nommé Taleski... on me le présentera à l'arrivée de ce contingent. Prenez note de cela... Activité... obéissance! Pensez au czar, messieurs. (Il monte à cheval et sort.)

SCÈNE V.

MICHEL, entrant, apportant JUANISKA évanouie. Il la dépose sur un banc près de la porte de la maison.

MICHEL, appelant dans l'intérieur.

Ma mère.

LA MÈRE.

Eh bien, qu'y a-t-il? Juaniska!

MICHEL.

Sauvée!

LA MÈRE.

Que lui est-il donc arrivé?

MICHEL.

Elle était tombée dans les neiges du ravin.

LA MÈRE.

Pauvre enfant! (Ils lui prodiguent des soins.)

SCÈNE VI.

LES MÊMES, DORGÈRES, soutenu par JEAN, suivi de PAYSANS.

DORGÈRES.

Merci, mes amis, merci... Ce n'est rien... Pardieu! on ne se casse pas les bras en tombant dans la neige, et dès qu'on en est sorti, on va parfaitement; j'ai même plus chaud qu'avant ma chute... Mais cette jeune fille qui s'est élancée vers moi pour me secourir, où est-elle?

MICHEL.

La voici!

DORGÈRES, s'élançant vers Juaniska.

Elle a souffert plus que moi, elle souffre encore...

MICHEL.

Elle va mieux et revient à elle.

DORGÈRES.

Merci, mon Dieu!... (Il prend les mains de Juaniska.) Oh! soyez bénie, vous dont le premier mouvement est un élan de courage et d'humanité.

Juaniska revenant à elle et apercevant Dorgères à ses pieds.

JUANISKA.

Sauvé!...

DORGÈRES, avec joie.

Oui, sauvé... grâce à vous, et, croyez-le bien, la vie me sera plus douce maintenant que je vous la dois.

JUANISKA, se levant froidement et retirant ses mains de celles de Dorgères.

Vous ne me devez rien, je n'ai pu vous retenir.

DORGÈRES.

Mais vous l'avez voulu, et dans votre dévouement, vous avez manqué de périr avec moi.

JUANISKA.

Oui, mais on m'a sauvée. (Souriant.) C'est toi, Michel, j'en suis sûre... Merci.

Elle lui tend la main qu'il baise avec respect.

DORGÈRES.

C'est votre fiancé sans doute?

JUANISKA.

C'est mon frère.

DORGÈRES.

Ah!...

JUANISKA.

Je suis Juaniska Taleski, et vous, monsieur?

DORGÈRES.

Eugène Dorgères, officier français. Je viens de Saint-Pétersbourg, et je rentre en France.

JUANISKA, lui tendant la main.

Vous êtes Français! alors voici ma main... je puis vous la donner... Je suis Moldave, mais ma mère était Française.

DORGÈRES.

Béni soit le ciel! Je craignais que vous ne fussiez Russe!...

JUANISKA.

Et pourquoi cette crainte?

DORGÈRES.

On n'aime pas devoir la vie à ceux qu'on va combattre.

JUANISKA.

Vous allez combattre les Russes?

DORGÈRES.

La guerre est maintenant inévitable. L'ambition du czar rêve l'empire du monde et veut Constantinople pour sa capitale: observations, remontrances, menaces, tout a été inutile. Il n'y a plus que la force qui puisse arrêter ce nouveau débordement des barbares.

JUANISKA.

Ils étaient vrais, ces bruits qui viennent jusqu'à nous malgré les efforts du czar pour les étouffer!... La France a donc enfin ouvert les yeux, et veut sauver l'avenir du monde!...

DORGÈRES.

Oui, la France et l'Angleterre se sont réunies pour accomplir cette mission sainte.

JEAN.

On dit cependant que le czar n'a pris les armes que pour protéger les chrétiens contre la tyrannie des Turcs. Il se prétend poussé par le souffle de Dieu.

JUANISKA.

L'homme qui frappe sans relâche et sans pitié les chrétiens catholiques n'est pas inspiré de Dieu... c'est l'ambition seule qui arme son bras. Dieu bénira les armes de la France et de l'Angleterre!... Nos vœux vous suivront sur les champs de bataille, et vous qui nous avez apporté cette heureuse nouvelle, je me rappellerai votre nom dans mes prières.

DORGÈRES.

Et moi je ne vous oublierai jamais! vous êtes mon ange sauveur!... Ce qui m'afflige, c'est de m'éloigner avec l'idée que probablement je ne vous reverrai plus.

JUANISKA.

Qui sait?... la main de Dieu unit, vous le voyez, ceux qui ne se connaissaient pas; elle peut réunir ceux qu'elle sépare! D'ailleurs on se retrouve toujours... dans le ciel!

DORGÈRES, à Jean.

Monsieur, je dois sans retard poursuivre ma route... Pourrai-je, dans ce village, me procurer un guide et un cheval?

JEAN.

Mon fils va vous mener chez un fermier qui, plus heureux que nous, mettra volontiers un de ses chevaux à votre disposition, et il se chargera alors de vous conduire jusqu'à la première poste.

MICHEL.

Oui, mon père... A vos ordres, monsieur.

DORGÈRES.

Je vous remercie, et j'accepte de tout cœur un service, qu'en pareille circonstance, je me ferais un plaisir de vous rendre? (Dorgères et Michel sortent.)

JEAN.

Femme, viens préparer la table. Si pressé qu'il soit de se remettre en route, nous ne laisserons pas partir ce jeune officier français avant d'avoir rempli envers lui les devoirs de l'hospitalité.

LA MÈRE.

Tu as raison, Clodsko; viens! (Ils entrent tous deux dans la maison.)

JUANISKA, à elle-même.

Je suis heureuse d'avoir pu être utile à un Français... il a l'air si noble ce jeune homme!... il doit être un brave officier comme était mon père. (Elle reste rêveuse.)

SCÈNE VII.

JUANISKA, WOLSKI, UN PAYSAN.

WOLSKI, accourant, il est couvert de sang.

Camarades!... camarades!...

JUANISKA, s'approchant du Paysan.

Du sang? tu es blessé?

WOLSKI.

Les brigands! Oh! les Russes!... les Russes!...

JUANISKA.

Eh bien! les Russes!...

WOLSKI.

Ils se sont portés en nombre au hameau de Risna, ils y font une nouvelle levée d'hommes.

JUANISKA.

Mais il n'y a pas deux mois que le hameau de Risna a fourni son contingent, comme vous avez fourni le vôtre ici.

WOLSKI.

C'est ce qu'on leur dit, mais, est-ce qu'on écoute nos réclamations à nous autres!

UN PAYSAN.

Eh bien! si on veut me croire, ils ne trouveront pas ici un homme en état de porter les armes. Gagnons les bois, cachons-nous dans les ravins...

WOLSKI.

Alors, c'est sur les nôtres qu'ils se vengeront... Oui, les

pères répondent des fils absents... Les enfants, des pères qui sont cachés... Ils réduisent les cabanes en cendres... L'un d'eux m'a frappé d'un coup de sabre à la tête parce que je ne me suis pas découvert assez vite lorsqu'on a prononcé le nom du czar!

Les paysans se grouppent et causent entre eux comme des gens qui se consultent et ne sont pas tous du même avis.

JUANISKA.

Les misérables!

WOLSKI.

Les noms de Michel et de votre frère Stanislas sont portés sur la liste du contingent. Ah! quand donc le bon Dieu mettra-t-il un terme à tant de malheurs!... quand aura-t-il pitié de nous?...

JUANISKA, à elle-même.

Le nom de mon frère est porté sur la liste... et, en son absence... c'est notre bienfaiteur... celui qui nous a tenu lieu de père qu'ils entraîneraient... Non, non, cela ne sera pas!... (Elle rentre dans la maison.)

WOLSKI, désignant le lointain.

Les voilà!... les voilà qui arrivent... Sauve qui peut! (Des paysans se sauvent par divers côtés. Les Cosaques entrent.)

SCÈNE VIII.

LE CHEF DES COSAQUES (PIERRE), COSAQUES, puis PAYSANS, puis DORGÈRES.

L'OFFICIER, descendant de cheval et s'adressant au sous-officier.

Qu'on pénètre dans chaque maison, et que l'on s'empare de tous les hommes portés sur la liste du contingent de ce village. On les réunira dans la cour de la grande ferme. (Des soldats entrent dans les maisons.)

DORGÈRES, entrant.

Pendant qu'on selle mon cheval, un dernier adieu à ma belle Juaniska. (Il se trouve face à face avec l'Officier russe.)

LE CHEF DES COSAQUES (PIERRE), à Dorgères.

Pardon, monsieur; qui êtes-vous?... Vous n'êtes pas Russe, vous?

DORGÈRES.

Non, monsieur, non, Dieu merci... je suis Français!

LE CHEF DES COSAQUES.

Que faites-vous alors ici?

DORGÈRES.

Attaché à la légation française, je retourne à Paris. Un accident m'a forcé de m'arrêter dans ce village.

LE CHEF DES COSAQUES.

Votre passe-port?

DORGÈRES.

Le voici.

Pendant que l'officier examine le passe-port, les cavaliers ont mis pied à terre et sont entrés dans les maisons et en ressortent emmenant des jeunes gens.

LE CHEF DES COSAQUES, rendant le passe-port.

C'est bien, monsieur, vous êtes parfaitement en règle, rendez-en grâce au ciel, car je vous prenais pour un espion, un fauteur de révoltes, et j'allais avoir un grand plaisir à vous faire fusiller.

DORGÈRES.

Vous êtes trop aimable, en vérité, monsieur, et je vous remercie de votre bonne volonté. Ce sera partie remise, et j'espère que nous aurons cette joie de nous fusiller bientôt réciproquement... sur le champ de bataille...

LE CHEF DES COSAQUES.

La France n'osera pas se mesurer avec nous...

DORGÈRE.

Pas plus qu'à Austerlitz et à la Moscowa. Est-ce qu'on ne se souvient pas de cela, monsieur?

LE CHEF DES COSAQUES.

On ne se souvient que de 1812...

DORGÈRES.

Triomphe de thermomètre, monsieur, il ne sera pas toujours pour vous. On sera bien forcé de se rappeler un jour 1854.

LE CHEF DES COSAQUES.

Assez... assez, monsieur!

DORGÈRES.

Au plaisir de vous revoir...

LE CHEF DES COSAQUES.

Un instant... vous ne passeriez pas ainsi... mes cavaliers cernent ce village.

DORGÈRES.

Veuillez alors donner l'ordre de me laisser sortir avec mon guide.

LE CHEF DES COSAQUES.

Vous seul pouvez passer. (A un sous-officier.) Qu'on donne un cheval à monsieur, et qu'un cavalier le conduise jusqu'à la route.

DORGÈRES, voyant emmener les recrues.

Voilà donc comment se fait le recrutement des armées russes!... Quelle différence avec nos soldats!... (Il sort.)

SCÈNE IX.

LES MÊMES, moins DORGÈRES, puis UN CAVALIER, sortant de chez Clodsko.

LE CAVALIER.

Je ne trouve dans cette maison, où il devait y avoir deux soldats, qu'un vieillard et une femme.

LE CHEF DES COSAQUES.

Qu'on me les amène.

LE CAVALIER.

Sortez !... avancez !... (Jean Clodsko et sa femme entrent.)

LE CHEF DES COSAQUES, à Jean, regardant sa liste.

Comment t'appelles-tu ?

JEAN.

Jean Clodsko.

LE CHEF DES COSAQUES.

Tu dois représenter deux hommes au gouvernement : Michet Clodsko, ton fils, et Stanislas Taleski... Où sont-ils ?

JEAN.

Je l'ignore.

LE CHEF DES COSAQUES.

Tu tâcheras de le savoir... Emparez-vous de cet homme et garrottez-le !...

MICHEL, entrant.

C'est inutile, je suis Michel Clodsko.

LE CHEF DES COSAQUES.

Bien, en voilà un de retrouvé... Et Stanislas Taleski (A part.) C'est justement celui que le général m'a fait noter. (Appelant.) Stanislas Taleski ! .. Il est absent... eh bien, gardez le vieillard... il marchera, lui, si l'autre ne se présente pas,

SCÈNE X.

LES MÊMES, JUANISKA.

MICHEL, se plaçant devant son père.

Mon père !... (A l'officier.) Vous ne prendrez pas mon père, parce que Stanislas a disparu. Si vous saviez ce que c'est que Stanislas Taleski... un enfant sans forces... toujours malade ; vous ne pourriez en faire un soldat.

LE CHEF DES COSAQUES.

Est-ce que cela te regarde. Bon ou mauvais il me le faut, ou j'emmènerai le vieillard.

MICHEL.

Écoutez, mon officier. Je remplacerai Stanislas. Je travaillerai pour lui et pour moi. Je ferai la besogne de deux !

LE CHEF DES COSAQUES.

Tu auras bien assez de faire la tienne. Finissons. Entraînez cet homme?

Michel renverse les soldats qui se sont emparés de son père.

MICHEL.

Ne portez pas la main sur mon père, je vous le défends!

On se jette sur lui. On entraîne le père d'abord, Michel lutte avec les Cosaques jusqu'au moment où vient Juaniska.

SCÈNE XI.

LES MÊMES, moins JEAN, plus JUANISKA, *habillée en homme.*

JUANISKA.

On réclame Stanislas Taleski... Le voici!...

LE CHEF DES COSAQUES.

Tu t'es fais attendre, et tu mériterais... (L'examinant.) En effet, c'est bien jeune, mais il fera nombre... On peut relâcher le vieillard.

MICHEL, bas.

Juaniska!...

JUANISKA, de même.

Silence!

MICHEL, de même.

Eh quoi?...

JUANISKA, de même.

Je le veux!

LE CHEF DES COSAQUES, à un trompette.

Partons? Donne le signal.

SCÈNE XII.

LES MÊMES, UN SOUS-OFFICIER, LE CONTIGENT.

Le contingent parait, Ceux qui le composent sont garrottés et entre deux haies de cavaliers... — Des femmes pleurent et se jettent à genoux en demandant leurs enfants qu'on entraîne. — Les soldats les repoussent brutalement.

LE CHEF DES COSAQUES.

Éloignez tout ce monde; si on n'obéit pas, faites feu!...

JUANISKA.

Adieu, patrie!... Si je ne dois pas te revoir heureuse et libre, c'est que je serai morte pour toi!!... (On emmène le contingent.)

Deuxième tableau.

LA CONSCRIPTION.

Le théâtre représente la cour d'une maison habitée par des ouvriers, dans le Faubourg Saint-Antoine. — Au fond la porte cochère. — A gauche la loge du Portier, et l'entrée d'un petit jardin qu'on aperçoit, à travers une grille en bois à laquelle un banc est adossé ; à droite les premières marches de l'escalier qui conduit dans la maison.

SCENE PREMIERE.

DUBOIS, puis BISCARA et LE PÈRE SAINT-CHAUMONT

DUBOIS, occupé à balayer la cour.

Chienne de cour, va !... C'est la mort aux balais !... Et ces escaliers donc !... Une gueuse de maison où il y a tant de locataires... et tous des ouvriers !... Aussi ils me font des ordures !... C'est égal, c'est des braves gens tout de même... c'est pas riche, mais ça trouve encore la pièce pour le portier... Ouf !... Voilà qu'est fini... je peux vacquer à ma nourriture et à celle de Dodore... Notre café est sur le feu qui nous tend les bras... Dodore... Dodore!... ous qu'il est donc passé, ce chérubin? (Appelant.) Dodore !... Dodore !...

On voit paraître Biscara sur les dernières marches de l'escalier. Il tient sous le bras le père Saint-Chaumont, qu'il aide à marcher.

BISCARA.

Présent, papa !... Ne vous égosillez pas, l'enfant n'est pas perdu. (Au père Saint-Chaumont) Doucement, vieux !... Il y a encore un pas... Là, sur ce banc, vous pourrez en fumer une à votre aise... et puis une autre dans le jardin, pour varier les plaisirs. (Il fait asseoir le vieillard sur le banc.)

LE PÈRE SAINT-CHAUMONT.

Merci, mon garçon !... Tu étais bien un peu mauvais sujet étant petit... mais tu as toujours eu bon cœur... et je suis bien aise de te revoir... c'est-à-dire, c'est une manière de parler, puisque mes pauvres yeux...

BISKARA.

Connu, père Saint-Chaumont!... En 1815, c'est pas jeune... un caisson qui a éclaté... aux buttes Saint-Chaumont, où vous avez travaillé dur !... Le nom vous en est resté, comme à moi, Biskara, d'une prune qui m'a fêlé le bocal en passant sur ce territoire.

DUBOIS.

Blessé, mon Dodore !... Et tu ne m'as pas écrit ?...

BISCARA.

Uniquement faute de papier à lettre, papa, les boutiques sont rares dans l'arrondissement ; mais pour boucher le trou qui m'en est resté, savez-vous ce que l'Empereur m'a envoyé dernièrement? Tâtez, père Saint-Chaumant... (Il se baisse vers lui et lui fait tâter sa croix.)

LE PÈRE SAINT-CHAUMONT.

La croix!... Tu es bien heureux!...

BISKARA.

C'est trop, pas vrai? Surtout quand il y a des vieux, comme vous, qu'on a oublié... Je conviens que je dois du retour à l'Empereur... mais, foi de Biskara, je lui prouverai que je suis une bonne paye... Venez prendre l'air dans le jardin. (Il sort avec le père Saint-Chaumont.)

DUBOIS, avec admiration.

Et dire que c'est mon fils!... Ce superbe suave, avec sa culotte turque et ses galons... c'est moi qui l'ai procréé! Quel honneur!...

BISCARA, rentrant.

Vous ne disiez pas ça, autrefois, papa, quand je suis parti il y a bientôt dix ans... vous me traitiez de propre à rien, et je crois que vous n'aviez pas tort... Mais l'uniforme, ça change un homme, et l'honneur devient un chef de file dont on est fier d'emboîter le pas.

DUBOIS.

Dodore... mon Dodore!... tu es magnifique!... Voilà mon opinion... Viens prendre ton café?

BISCARA.

Vous êtes bien bon, papa... allons-y!... Minute, je vois descendre un minois que je n'avais point encore entreperçu depuis mon arrivée...

DUBOIS, riant.

Polisson!... C'est la petite Fleurette... une ouvrière en dentelle qui demeure seule avec son frère, qu'est apprenti gâte-sauce chez le pâtissier à côté... mais, c'est sage. . Dodore, pas de calembours!...

BISKARA.

Incapable, papa, incapable!

endant ce qui précède, le père Saint-Chaumont s'est levé est entré à tâtons dans le jardin, Fleurette paraît sur l'escalier tenant un petit panier à son bras.

SCÈNE II.

DUBOIS, BISKARA, FLEURETTE.

FLEURETTE.

Bonjour, père Dubois. (A Biskara.) Monsieur...

DUBOIS.

C'est mon fils, mam'selle; sergent dans les suaves et décoré... rien que ça...

BISKARA, saluant.

Mam'selle...

DUBOIS.

Mais, qu'avez-vous donc, mam'selle Fleurette? on dirait que vous avez pleuré!

FLEURETTE.

C'est que j'ai mal dormi... J'ai fait des rêves affreux... Éloi tire au sort ce matin... au moment d'une guerre... Dieu, s'il allait avoir un mauvais numéro...

BISKARA, à part.

Ah! fichtre, la place est prise! (Haut.) Eh bien, il fera comme les autres... à moins que ce ne soit un clampin...

FLEURETTE.

Oh! ce n'est pas la guerre qui fait peur à Éloi, monsieur... Mais il devait... nous espérions...

BISKARA.

Vous marier, pas vrai?... Et voilà le conjungo qui pique une tête.

FLEURETTE.

Moi, j'attendrai... Mais il y a quelqu'un auquel cette séparation sera bien plus cruelle encore... Un vieillard auquel mon Éloi a juré de remplacer son fils, quand celui-ci s'est tué en tombant d'un échafaudage... Et s'il part...

BISKARA.

Il y a encore des bons cœurs en ce monde, mam'selle...

FLEURETTE.

Oh! moi d'abord, je ne l'abandonnerai pas!... Mais le travail d'une femme est si peu de chose.

SCÈNE III.

LES MÊMES, CASCARET, entrant en courant.

CASCARET.

Salut, petite sœur et la compagnie.

FLEURETTE.

Tu viens déjeuner de bien bonne heure, ce matin... Mes provisions ne sont pas encore faites.

CASCARET.

Je pense bien à déjeuner!... Ou plutôt si!... j'y pense plus qu'à l'ordinaire... Le chagrin me fait toujours cet effet-là.

FLEURETTE.

Le chagrin?... Qu'est-ce qui t'est donc arrivé?

CASCARET.

Une aventure!

DUBOIS.

Encore quelque gaminerie !... Tu finiras par te faire renvoyer de la boutique.

CASCARET.

J'ai peur que ça ne soit déjà fait.

FLEURETTE.

Ah ! mon Dieu !

DUBOIS.

Galopin !

CASCARET.

Pour cette fois, petite sœur, tu ne me gronderas pas... Je me suis couvert de gloire... et de boue... Vois plutôt ma blouse.

FLEURETTE.

Te voilà joliment arrangé.

CASCARET.

Figurez-vous que le patron m'a envoyé porter ce matin un godiveau pour six, chez un chercuitier qui baptise son petit, et je descendais tranquillement le faubourg, quand tout à coup j'entends des cris... Un cheval qui avait pris le mors aux dents galopait comme un enragé... Tout le monde se sauvait, excepté un gros monsieur qui continuait tranquillement son chemin au beau milieu de la rue, en ayant l'air de penser à tout autre chose... Un instant de plus, il était atteint, renversé !... Ma foi, je me risque, je m'élance à la bride de l'animal...

BISKARA.

Bravo, gamin !

CASCARET.

Jugez un peu de la secousse, je prends un billet de parterre ; mais le cheval se détourne, en enfonçant une boutique, où il reste empétré, et l'Anglais est sauvé !

FLEURETTE.

Et tu n'as pas eu de mal ?

CASCARET.

Fi donc ! Mais j'ai lâché ma casserole, et mon polisson de godiveau s'est effarouché dans le ruisseau... Allez donc le repêcher là... Enfin, je me suis sauvé sans demander mon reste, et me voilà.

BISKARA.

Le charcutier se passera de godiveau, voilà tout...

CASCARET.

Mais, il ira se plaindre au patron !... Un godiveau de moins et une casserole pleine de renfoncement ! me voilà gentil

BISKARA.

Rassure-toi, moutard, tu as mon estime... on parlera à ton patron.

FLEURETTE.

Oui, va te changer... Moi, je cours aux provisions, et, après déjeuner, puisque monsieur est si bon...

BISKARA.

A vos ordres, mam'selle...

CASCARET.

Merci, petite sœur ! merci, militaire ! Ah ! Dieu, les militaires, voilà des hommes ! et dire que la révision n'a pas voulu de moi !... C'est vrai que la poitrine n'est pas large... mais ils se seraient dépêchés de me prendre, s'ils avaient vu le cœur qu'est dedans !

Il remonte en gambadant l'escalier. Fleurette sort par la porte cochère. Au même instant entre Dorgères, suivi de Pharamond.

SCÈNE IV.

DUBOIS, BISKARA, DORGÈRES, PHARAMOND.

DORGÈRES.

Voilà bien la nouvelle adresse de mon armurier... Entrons.

PHARAMOND.

Peste, mon cher, tu es fidèle à tes fournisseurs ; mais j'ai peine à croire que dans ce quartier...

DORGÈRES.

Tu te trompes, mon ami. Germain est un véritable artiste, au contraire, et s'il est mal logé, cela prouve tout simplement que le talent n'a pas besoin d'enseigne. (A Dubois.) Monsieur Germain, armurier ?

DUBOIS.

C'est ici, monsieur, au quatrième.

PHARAMOND, avec un effroi comique.

Au quatrième !... J'en étais sûr !

DORGÈRES, riant.

Allons, du courage, montons... Que vois-je, Biskara ; c'est vous, mon brave...

BISKARA.

Moi-même, mon commandant ; encore quinze jours de pot-au-feu paternel et je retourne au régiment.

DORGÈRES.

Eh bien c'est encore une campagne que nous ferons ensemble... Car, les zouaves sont désignés pour marcher avec nous.

BISKARA.

Vrai, commandant ? je vous remercie de cette bonne nouvelle.

DUBOIS, à part.

Mon fils, qui connaît ces messieurs bien mis...

BISKARA.

Papa, voilà mon commandant, un de ces officiers que le soldat suivrait en enfer.

DORGÈRES.

Merci à mon tour, mon brave!... (A Pharamond.) Mon ami, voici un de mes compagnons d'expédition de là-bas... et je t'assure qu'on est fier de commander à de tels hommes. Biskara... c'est un de mes camarades de collége.

PHARAMOND, saluant.

Pharamond de Lestrelle, membre distingué du Jokey-Club, un dandy, un viveur... on vous dira même un peu fat... mais, palsembleu ! un vrai Français... Je suis Breton!... j'adore les braves... Aussi touchez là... (Il lui donne une poignée de main.)

BISKARA.

Monsieur!..

PHARAMOND.

Vous me croirez si vous voulez, mon cher, Paris et ses plaisirs me comblent; la villégiature et les eaux m'accaparent... le turf me favorise, le lansquenet me traîte en enfant gâté. Dusautoy coupe pour moi ses vêtements les plus rutilans .. J'ai ma stalle aux Italiens, et ma place dans la loge infernale à l'Opéra... Le corps de ballet me veut quelque bien et la beauté me prise assez généralement... Chevet me réserve ses primeurs, le café Anglais ses plus mystérieux cabinets. Je suis riche, je suis aimable, et je digère à merveille... Eh bien, il y a des moments où je rêve une autre existence. Vos merveilleux bulletins d'Afrique m'empêchent de dormir. Ces étourdissants récits de bivouac, ces pointes aventureuses dans le désert me passionnent. Je me prends à désirer de troquer le foie gras pour le couscous, le champagne pour l'eau saumâtre, et mon stick pour un mousquet.

DORGÈRES, riant.

A chacun son lot, mon cher Pharamond, le métier est trop rude pour toi.

PHARAMOND.

Palsembleu !... je suis Breton, je suis brave... une balle ne me fait pas peur, et je manie passablement une épée.

DORGÈRES.

Je le sais, mon ami; le courage, d'ailleurs, est ce qu'il y a de plus commun dans notre pays. Mais je persiste à croire que tu es né pour rester pékin.

PHARAMOND.

Eugène, ne me taquine pas!... Je suis entêté, je suis excentrique, je suis Breton!... Voilà justement une guerre qui me convient... La France se place enfin au rang qui lui appartient... C'est une croisade contre la barbarie... c'est beau, c'est noble!... ça m'enflamme... Palsembleu, je te dis que ça me va.

DORGÈRES.

Ne te fâche pas... et viens voir les armes que j'ai commandées à Germain...,

PHARAMOND.

Allons, et si je suis content de son travail, je veux lui commander, à mon tour, tout un arsenal... on ne sait pas ce qui peut arriver.

DORGÈRES.

Sans adieu, Biskara, nous nous reverrons avant notre départ. (Il monte l'escalier, suivi de Pharamond.)

BISKARA, saluant.

Non, commandant!...

SCÈNE V.

DUBOIS, BISKARA, puis FLEURETTE et LOMBARD.

BISKARA, à son père.

Drôle d'original tout de même!... Ah! voilà la petite qui revient... qu'est-ce que c'est que cet oiseau-là qui a l'air de la serrer de si près!...

DUBOIS.

Un ouvrier de la maison... un pas grand'chose qui passe plus de temps à louper qu'à travailler. (Fleurette entre, suivie de Lombard.)

FLEURETTE.

Laissez-moi, monsieur Lombard... si c'est pour me dire de ces choses-là que vous vous obstinez à me suivre...

LOMBARD.

Vous ne me croyez pas... Eh bien, vous verrez!...

FLEURETTE.

Si... si... je vous crois?... Vous avez l'air si joyeux... mais c'est mal de rire du malheur des autres.

LOMBARD.

Faut-il pas que je pleure parce que ce gringalet d'Éloi que vous me préférez a mis la main sur un mauvais numéro, tandis que j'ai eu la chance d'en attraper un bon.

DUBOIS.

Comment, ce pauvre Éloi?...

LOMBARD.

Enfoncé, vieux piplet!... numéro sept... la potence!... Si celui-là ne part pas...

DUBOIS.

Quel guignon!

LOMBARD.

Tiens, ça vous affecte aussi, piplet?

BISKARA, à Lombard.

Dites donc, l'amour, si ça vous était égal d'appeler papa par son nom... ça me flatterait.

LOMBARD.

Ah! excusez, un militaire!... Eh bien! il est portier votre papa... un piplet, c'est un portier... on le traitera de concierge, si ça vous oblige....

BISKARA.

Portier ou concierge, le père est un digne homme, il fait son métier courageusement... Ça vaut mieux que d'être un fainéant, un soiffeur... une pratique enfin, comme vous m'en avez la mine...

LOMBARD, *insolemment.*

De quoi, de quoi?... un faignant... un soiffeur?... C'est y à moi que vous dites ça, militaire?

BISKARA.

Ça m'en a l'air...

LOMBARD.

Ah mais! ah mais!... si vous croyez que vos sardines me font peur...

DUBOIS.

Dodore, Dodore, ne l'obstine pas!... c'est un brutal, un casseur!...

BISKARA.

Laissez donc, papa!... je ne suis pas fragile...

LOMBARD, *menaçant.*

On pourrait voir pas moins... regardez un peu cette poigne.

Il lui met le poing sous le nez: Biskara lui rabat froidement le poignet d'un revers de main.

BISKARA.

La main dans le rang, farceur!

FLEURETTE, *effrayée.*

Messieurs! messieurs!...

LOMBARD.

Pas peur, ingrate!... on fera le mort pour vous plaire. C'est pour rire, sergent... Je vous reconnais pour un bon zig!... Eh bien! c'est vrai, je suis un peu loupeur, et je cogne des fois mal à propos... C'est pas une raison pour que je ne sois pas susceptible de devenir aussi bon qu'un autre... meilleur peut-être!... mais j'ai toujours quelque chose qui me chiffonne la cervelle... Ça me rend méchant... l'idée que mam'zelle Fleurette ne peut pas me sentir... moi qui l'aime tant!... Tenez, son Éloi, je pourrais le briser sur mon genou... eh bien! est-ce que je lui ai jamais cherché querelle?... Je me contente de marronner en dedans... à cause d'elle, et parce que j'ai peur de lui faire de la peine.

FLEURETTE.

Certainement qu'il y a du bon chez vous.

LOMBARD.

Eh bien alors, pourquoi que vous me rudoyez?

FLEURETTE.

Parce qu'on ne peut pas aimer deux hommes à la fois, et qu'Eloi est tout pour moi.

LOMBARD.

Eh bien, tant mieux!... Il partira... vous ne le verrez plus, vous serez malheureuse... et ça me consolera!...

FLEURETTE.

Encore!... Ah! c'est indtgne... Décidément vous êtes un mauvais cœur... s'il n'y avait que moi à souffrir de l'absence d'Éloi, je vous pardonnerais encore vos vilaines paroles... mais le vieux père Saint-Chaumont qui n'a pas d'autre ressource que le travail d'Éloi, qui le soutient depuis la mort de son fils... les privations, la misère vont l'atteindre, et le chagrin le tuera... Eh bien, vous n'avez pas seulement songé à ça, et au lieu de nous plaindre, vous vous réjouissez de notre peine... Allez, je fais mieux que vous détester à présent, je vous méprise!

LOMBARD, balbutiant.

Mam'selle... ah! mam'selle...

FLEURETTE.

Laissez-moi! (Elle sort.)

LOMBARD.

Cré nom, elle me méprise!

BISKARA.

Et ça n'est pas volé... Allons prendre notre café, papa... celui monsieur est servi.

Il rentre dans la loge avec son père.

SCÈNE VI.

LOMBARD, seul.

Elle me méprise!... Et l'autre qui vient me dire que je ne l'ai pas volé... Ah! ça, je suis donc devenu une chiffe, une poule mouillée, que je me laisse traiter comme ça!... (Sanglottant.) Oh! ça m'étouffe! Il n'y a personne, il faut que ça parte!... C'est qu'ils ont raison... j'ai parlé comme un chenapan... Ce pauvre vieil aveugle... je n'y avais pas pensé... s'il perd Éloi, c'est comme s'il perdait une seconde fois son fils... (Avec colère.) Si l'autre s'est tué, mille noms, n'est-ce pas encore moi qui en suis quasiment la cause. Si j'avais été à mon ouvrage, c'est moi qui aurais dû faire la culbute... et ça n'aurait pas été dommage! Et quand Éloi s'est proposé pour soutenir le vieux, dire qu'il ne m'est pas venu la pensée de réclamer ce droit-là... Oh! c'est lâche!... (Avec résolution.) Non d'un petit bonhomme! je ne peux pas vivre comme ça... il faut qu'ils me pardonnent!... Ah! cré coquin... je tiens un moyen. Quelque chose de triomphant... Eh! père Saint-Chaumont, père Saint-Chaumont.

SCÈNE VII.

LOMBARD, LE PÈRE SAINT-CHAUMONT.

LE PÈRE SAINT-CHAUMONT.

Qu'est-ce qui m'appelle?

LOMBARD.

Moi, père Saint-Chaumont, fâché de vous déranger, mais ça presse.

LE PÈRE SAINT-CHAUMONT.

Toi?... Lombard, pas vrai? Eh bien, laisse-moi tranquille.

LOMBARD.

Oh! venez, père Saint-Chaumont... Je sais bien que vous ne m'aimez guère, mais il s'agit d'Éloi... j'ai deux mots à vous tuyauter dans le tympan qui le concerne.

LE PÈRE SAINT-CHAUMONT.

Encore quelque malheur!... Le vieux soldat a du courage... parle.

LOMBARD.

Du malheur?... Non, c'est-à-dire... heureusement que je suis là.

LE PÈRE SAINT-CHAUMONT, avec défiance.

Toi?

LOMBARD.

Voilà la chose. Éloi a tiré aujourd'hui à la conscription...

LE PÈRE SAINT-CHAUMONT.

Ciel!...

LOMBARD.

Je me doutais qu'on ne voulait pas vous le dire... mais il faut que vous le sachiez. Éloi a pris le nnméro sept!

LE PÈRE SAINT-CHAUMONT.

Ah!... (Se remettant.) Dieu me l'avait donné, il me le reprend... mais s'il meurt, j'aurai moins à le pleurer qu'Étienne... il aura la fin glorieuse d'un soldat.

LOMBARD.

Non, non, il ne mourra pas.

LE PÈRE SAINT-CHAUMONT.

Tu as raison! Ce cher enfant aura plus de chance que moi... il obtiendra de l'avancement... il reviendra... officier peut-être... il sera encore l'orgueil de mes derniers jours... Vieux fou que j'étais de m'attrister... Merci, Lombard, voilà la première fois que je reçois une bonne parole de toi.

LOMBARD.

J'ai pourtant mieux que ça à vous offrir. Éloi ne partira pas; i a son remplaçant tout trouvé.

LE PÈRE SAINT-CHAUMONT.

Un remplaçant?... Qui donc?...

LOMBARD.

Votre serviteur, papa...

LE PÈRE SAINT-CHAUMONT.

Toi... oh non... C'est impossible, je ne veux pas, tu lui porterais malheur... Non... non... Éloi n'acceptera pas!... Puisque le sort l'a désigné, c'est une dette sacrée qu'il payera sans murmure à la patrie. Je ne veux pas qu'il recule!... Il a du cœur!... il est laborieux, rangé, lui; je suis sûr qu'il fera noblement son devoir sous les drapeaux... toi, tu n'es qu'un mauvais ouvrier, tu ne feras qu'un mauvais soldat.

LOMBARD, avec colère.

Père Saint-Chaumont!... mais quand je me fâcherais..... Voyons, père Saint-Chaumont... pas de bêtises... acceptez?...

LE PÈRE SAINT-CHAUMONT.

Assez causé!... va-t'en à tes affaires et laisse-moi continuer ma promenade en attendant Éloi. (Il rentre dans le jardin.)

SCENE VIII.

LOMBARD, puis BISKARA.

LOMBARD.

Vieil entêté... Cré nom, si ça n'est pas tannant de voir qu'ils me repoussent partout...

BISKARA, sortant de la loge.

Encore ici, fendant?

LOMBARD, tristement.

Pas de mots, sergent... je n'ai pas le cœur à vous répondre... on ne tape pas par terre, et j'ai la mort dans l'âme!

BISKARA, un peu touché.

C'est différent, j'ai tort... Qu'est-ce qu'il y a donc?

LOMBARD.

J'ai réfléchi... je voulais partir pour Éloi... le père Saint-Chaumont me refuse.

BISKARA.

Ah! bah! (Lui serrant la main.) C'est égal, réparation d'honneur.

LOMBARD.

Je connais Éloi, il ne voudra pas de moi non plus... il faut pourtant que le bonhomme ait de quoi vivre... Je l'ai fourré dans ma tête, et pour lui former un petit magot, je crois que j'irais arrêter une diligence.

BISKARA.

Mauvais moyen, mon garçon... je vais vous en donner un autre. Êtes-vous bien décidé à partir?

LOMBARD.

Oui, tout ce qu'il y a de plus décidé.

BISKARA.

Eh bien! puisque le père Saint-Chaumont et Éloi vous repoussent, tout le monde ne sera peut-être pas aussi difficile...

LOMBARD.

Vous croyez?

BISKARA.

J'en réponds... En ce moment, les hommes sont rares, la marchandise est en hausse.

LOMBARD.

Me vendre!...

BISKARA.

Je n'aime pas plus que vous ce genre de commerce, mais du moment que c'est pour une bonne action... je m'en charge.

LOMBARD.

Compris! sergent vous me rendez la vie!... marchons.

Il lui saute au cou, et lui prenant le bras il l'entraîne dehors. Au même instant Dubois sort de sa loge.

SCÈNE IX.

DUBOIS, puis JOHN BROGHILL.

DUBOIS.

Dodore... Dodore!... Que vois-je, mon fruit qui donne l'accolade à ce sacripant! il va compromettre ses galons!... Dodore!... Dodore!...

JOHN, entrant.

Haow!... c'était là qu'on avait dit à moâ! mais jé avais oublié le nom... n'importe, jé allais toujours.

DUBOIS.

Encore un particulier huppé... Que demande monsieur?

JOHN.

Haow!... very well... c'était la portière.

DUBOIS.

Comment la portière?

JOHN.

Yes... la portière... le conciergerie...

DUBOIS.

Ah! monsieur est étranger... Monsieur est Italien!

JOHN, fièrement.

No... Anglais, mossié... je étais lé allié du beau pays de France!

DUBOIS.

Mylord... qu'est-ce qu'il y a pour votre service?

JOHN.

Je cherchais une petite... polissonne. (Riant.) Comment vous appeler?... haow!.. dans lé moutarde... oh! c'était cassecou, je croâ, no, c'était Cascarette...

DUBOIS.

Ah! Cascaret!... un apprenti pâtissier... mais, j'y pense, est-ce que c'est monsieur dont il nous parlait tout à l'heure?

JOHN.

Il avait sauvé la vie à moâ... avec un pudding... et puis il s'était envolé... mais jé avais ramassé les vaisselles dans le ruisseau... et jé avais lu lé nom du pastrycock... jé avais payé le pudding, les vaisselles, et j'étais venu ici pour embrasser la petite Cascarette et donner des guinées à lui.

DUBOIS, vivement.

Des guinées... C'est bien ici, mylord, montez au sixième, la porte en face, et prenez garde de tomber... l'escalier est un peu obscur.

JOHN.

Oh! yès... (Il monte l'escalier.)

SCÈNE X.

DUBOIS, puis FLEURETTE, puis DORGÉRÈS et PHARAMOND.

DUBOIS.

Voilà un brave homme!... c'est y heureux pour Cascaret.

FLEURETTE, entrant.

Ah! père Dubois, ce que disait Lombard n'est que trop réel... Je viens de rencontrer un camarade d'Eloi... c'est le numéro sept qu'il a tiré!

DUBOIS.

Voyons, mam'zelle, il faut avoir de la raison, il faut se résiner...

FLEURETTE, soupirant.

Oui, j'aurai du courage, parce qu'il m'est venu une idée... Voyez-vous ce que j'ai acheté.

DUBOIS.

Une tirelire.

FLEURETTE.

Vous devinez pourquoi faire. Dans la maison et dans tout le quartier, personne ne refusera sa petite cotisation en faveur d'un vieux soldat infirme et sans ressources... Oh! j'y arriverai... mais je suis superstitieuse... il faudrait bien commencer. (Réfléchissant.) Voyons, qu'est-ce qui m'étrennera?...

Pendant ce qui précède Dorgères et Pharamond ont descendu l'escalier et entendu ces derniers mots.

DORGÈRES.

Ce sera moi, si vous le permettez, ma belle enfant.

PHARAMOND.

Et moi donc!... je passe pour avoir la main assez heureuse... surtout avec les dames... (A son ami.) Ma foi, je vide ma bourse. (Il vide sa bourse; Dorgères en fait autant.)

DORGÈRES.

Votre protégé est un vieux militaire, je n'accomplis ici qu'un devoir...

PHARAMOND.

Moi de même... et le plaisir que je vois briller dans vos beaux yeux me rembourse au centuple!... (A part.) Elle est ravissante. Palsembleu, où la beauté et la vertu vont-elles se nicher...

DUBOIS.

A mon tour, mam'zelle! (Il tire plusieurs pièces d'un long bas de laine.) C'est un si brave homme que ce père Saint-Chaumont.

SCENE XI.

LES MÊMES, CASCARET, JOHN.

CASCARET.

Des poignées de mains tant que vous voudrez, mais pour de l'argent, nisco, mon brave homme; ça m'ôterait tout l'agrément, et puisque le godiveau et la casserole du patron sont payés... (A sa sœur.) Ah! Fleurette, tu ne sais pas, c'est mon gros monsieur... mon Anglais, qui veut emplir mes poches de guinées... allons donc!...

FLEURETTE, à John.

Je vous remercie pour mon frère, monsieur... mais ce serait mal à lui de se faire payer le service qu'il a été assez heureux pour vous rendre.

JOHN, attendri.

Haow!... la France... il était une grande nation!... (Dubois dit quelques mots à l'oreille de Cascaret.)

CASCARET.

C'est différent. (A John.) J'ai refusé vos guinées, monsieur, Maintenant je vous en demande une seule.

JOHN, la lui donnant.

Haow yes!...

CASCARET.

Pas pour moi au moins... c'est un vieux soldat aveugle à ui nous voulons assurer du pain.

JOHN.

Haow, c'était pas assez!... (A part.) Very well... jé allais payer à mon fantaisie... et jé avais mon idée pour la petite Cascarette. (Il s'approche de la tirelire et y verse le contenu de sa bourse.) Le France, il était une grande nation... et jé allais lé dire à l'Angleterre.

DUBOIS.

Ça marche, ça marche...

SCENE XII.

LES MÊMES, excepté JOHN, LOMBARD, BISKARA, puis ELOI, LE PÈRE SAINT-CHAUMONT, CONSCRITS, puis UN GROOM.

LOMBARD, à Fleurette.

Eloi peut partir, mam'zelle; tenez, voilà de quoi mettre un peu de beurre dans la soupe du bonhomme.

DUBOIS.

Des billets de banque !...

BISKARA.

Oui, le négociant a bien fait les choses...

LOMBARD.

Vous verrez, sergent, qu'il ne sera pas volé. (A Fleurette.) Prenez, mam'zelle, prenez donc...

FLEURETTE.

Non, merci, Lombard, merci.

LOMBARD, désespéré.

Encore refusé... ah! cré nom! c'est trop fort!...

BISKARA.

Hé non, serin... la tirelire se laissera faire...

LOMBARD, joyeux.

Ah! compris, sergent...

Il glisse sans être vu ses billets dans la tirelire. A ce moment le bruit du tambour se fait entendre. Une troupe de conscrits portant des rubans à leurs chapeaux défile au fond. Une partie se précipite joyeusement dans la cour.

DUBOIS.

C'est Éloi... avec tous les conscrits de la maison.

LES CONSCRITS.

Vive l'Empereur!... vive l'Empereur!...

LE PÈRE SAINT-CHAUMONT, sortant du jardin.

Éloi, mon enfant!...

ÉLOI, se jetant dans ses bras.

Mon père!...

ÉLOI.

Ce qui adoucit mes regrets et doit vous consoler aussi, c'est que de rudes travaux nous attendent dans la campagne qui va s'ouvrir... la victoire n'est pas douteuse... elle viendra comme autrefois, comme toujours se fixer sur les aigles françaises.

DORGÈRES.

Et ce sont des esclaves recrutés sous le fouet que la Russie veut opposer à de pareils hommes!...

PHARAMOND.

C'est-à-dire que ça m'électrise, ça me subjugue, ça me... (Son Groom entre portant une lettre.) Qu'est-ce que c'est?...

LE GROOM.

Une lettre... il paraît que c'est très-pressé, car Dick est monté à cheval pour vous rejoindre ici.

PHARAMOND.

C'est singulier... (Il lit.) Ah! sapristi! ruiné, rasé de fond en comble... Coquine de Bourse!...

DORGÈRES.

Comment! tu jouais?...

PHARAMOND.

Pour faire quelque chose... Et ces gueux-là qui m'ont conseillé la baisse!... Ruiné!... Sapristi! c'est fichant!... (Avec explosion.) Eh bien, non, c'est un coup du ciel au contraire. Dorgères, je me fais soldat... J'endosse le pantalon rouge, et, palsembleu! les Russes n'ont qu'à bien se tenir, c'est sur eux que je prendrai ma revanche...

LE PÈRE SAINT-CHAUMONT.

Pars sans regret, mon enfant, et fais ton devoir. Moi, je prierai le bon Dieu pour toi.

Les conscrits agitent leurs chapeaux et reprennent leurs rangs, et défilent tambour en tête.

Troisième tableau.

LE BANQUET.

Le théâtre représente une salle richement décorée. Au fond, une table faisant face au public : à cette table, lord président du banquet, à sa droite l'amiral Napier, à sa gauche l'ambassadeur de Turquie; à droite et à gauche, des tables autour desquelles sont placés des lords, des officiers Anglais de toutes armes.

Dans des tribunes des dames, des gentlemans élégamment vêtus. Les drapeaux de France, d'Angleterre et de Turquie sont enlacés.

SCÈNE PREMIÈRE.

LORD PALMERSTON, se levant.

Messieurs, nous venons d'avoir l'honneur de porter un toast

à Sa Majesté la reine, au prince son noble époux et à l'illustre amiral Napier, en l'honneur duquel ce banquet a lieu. Permettez-moi de poursuivre. Messieurs, l'Angleterre est engagée dans une alliance du plus haut intérêt avec nos voisins de France. Nous avons eu à traiter pendant plus de douze mois des négociations les plus difficiles et les plus compliquées... et je ne dis rien de plus que la stricte vérité en déclarant que pendant cette période nous n'avons trouvé que la plus grande droiture et la plus parfaite loyauté chez ceux que nous sommes heureux d'appeler aujourd'hui nos bons amis. L'illustre chef qui préside aux destinées de la grande nation, notre alliée, l'a dit, et ses paroles feront époque dans l'histoire : Le temps des conquêtes est passé pour toujours. Cette déclaration n'est pas moins honorable pour le cœur de l'homme que rassurante pour les destinées de l'Europe. Heureux soit le jour qui nous permet de porter un tel toast : A la France!... à l'Angleterre!... (Ce toast est généralement répété.) L'Angleterre et la France se sont énergiquement unies pour protéger Sa Majesté le sultan, et jamais souverain n'a mieux mérité d'intéresser à sa cause tous les honnêtes gens de l'Europe... Oui, le sultan a droit à toutes nos sympathies, à tout notre intérêt. L'injustice moscovite est si grande envers sa hautesse, que je ne crains pas de dire qu'on n'en trouve de pareille que celle décrite dans la charmante fable française : *Le Loup et l'Agneau.* Seulement je crois que le loup s'est trompé cette fois. (Applaudissements.) Vive le Sultan!...

TOUS.

Vive le Sultan!...

L'AMBASSADEUR DE TURQUIE.

Ce que je regrette dans cette circonstance solennelle, c'est de ne point trouver en moi le talent nécessaire pour exprimer à la nation britannique les sentiments de Sa Majesté mon auguste souverain et ceux de toute la nation ottomane... Je me borne donc à joindre mes vœux les plus ardents à ceux que vous formez pour le succès du brave amiral, appelé à concourir au prompt rétablissement d'une paix durable et destinée à assurer au monde une longue prospérité et les bienfaits de la civilisation : Aux armées réunies de France! d'Angleterre et de Turquie!... (Acclamations générales.)

L'AMIRAL NAPIER.

L'armée française, commandée il y a un demi-siècle par un des plus grands capitaines que le monde ait jamais vu, n'était pas plus belle ni plus forte qu'elle ne l'est aujourd'hui. L'armée anglaise est également organisée d'une manière admirable, elle sera digne de combattre à côté de ses braves alliés... Que Dieu, au prix de ma vie, daigne nous accorder la victoire; c'est la plus noble fin que puisse ambitionner un soldat!... Au triomphe de nos glorieux étendards!...

TOUS.

Vive Napier! vive l'amiral!...

LE GÉNÉRAL ÉVANS.

En l'absence d'officiers français, que nous serions heureux de voir au milieu de nous; et au nom des marines réunies de France et d'Angleterre, je prie le président de recevoir tous mes remerciments. J'espère en me rendant ainsi l'interprète de la nation française, notre alliée, ajouter une anneau de plus à la chaîne qui réunit les deux pays dans une alliance d'amitié, de fraternité dont je désire vivement la continuation à toujours.

TOUS.

Vive la France! vive l'Angleterre!...

L'enthousiasme est au comble. Les dames agitent leurs mouchoirs. Les hommes élèvent leurs chapeaux. Partout éclatent les cris de Vive la France! Vive l'Angleterre! .. Vive la Turquie !...

Quatrième Tableau.

DANS LA DOBRUSKA.

Le théâtre représente un site pittoresque de la Dobruska, où les Russes ont établi leur bivouac; sur la droite, une chaumière dont les portes et les fenêtres ont été arrachées, et dont un commencement d'incendie a détruit la muraille qui fait face au public, laissant ainsi voir l'intérieur meublé de quelques siéges et d'une table sur laquelle une carte topographique; papiers, plumes, encre, etc., etc. Partout le paysage offre des traces d'incendie et des ravages de la guerre qui a passé sur ce terrain : un appenti formé de débris de planches rassemblées à la hâte sert d'ambulance pour les blessés.

SCÈNE PREMIÈRE.

LE GÉNÉRAL BROMINE, UN CHIRURGIEN, BLESSÉS, FACTIONNAIRES, SOLDATS RUSSES.

Le jour commence à paraître. Des soldats Russes traversent le théâtre apportant plusieurs blessés sus des brancards formés de lances et de fusils : ils vont les déposer dans l'ambulance et s'en retournent. Un chirurgien debout sur le seuil, semble diriger ce service. Bromine sort de la cabane à droite.

BROMINE, à lui-même.

La nuit s'achève... tout est calme!... Nos troupes avaient besoin de cet instant de répit, car nous venons de passer trois rudes journées. (S'approchant du chirurgien.) Eh bien, monsieur, nos blessés?

LE CHIRURGIEN.

Cette ambulance est encombrée, Excellence, et nous sommes en trop petit nombre pour suffire aux soins que ces malheureux réclament; les médicaments nous manquent, et si les renforts qu'on nous fait espérer ne nous arrivent bientôt...

BROMINE.

Les secours sont en route, monsieur; l'auguste sollicitude de notre souverain a pourvu à tout; faites, en attendant, qu'ils patientent.

LE CHIRURGIEN.

Excellence, je ne dois pas vous cacher que la plupart paraissent en proie au plus sombre découragement... Nos malades surtout, dont le nombre s'accroît dans une proportion inquiétante...

BROMINE.

Occupez-vous avant tout des braves atteints par le feu de l'ennemi... Quant à ces malades, chez beaucoup d'entre eux c'est, j'en suis sûr, mauvais vouloir.

LE CHIRURGIEN.

Pardonnez, Excellence, mais les privations, les fatigues, une nourriture détestable...

BROMINE, sévèrement.

La nourriture du soldat est excellente, monsieur; on lui prodigue l'eau-de-vie en abondance.

LE CHIRURGIEN.

J'en conviens, Excellence... mais...

BROMINE.

Assez, monsieur un soldat russe doit vaincre la fièvre comme il terrasse ses ennemi ! C'est sur le moral de ces hommes qu'il faut surtout agir. Je vous exhorte à y songer; faites en sorte que les misérables que je vous signale reprennent leurs rangs sans retard... ou c'est moi qui me chargerai de leur guérison. Vous verrez que le knout est un excellent docteur.

LE CHIRURGIEN.

La mort est un plus grand médecin encore, Excellence, et vous trouverez bon que je vous cède la place à tous deux.

Il lui tourne brusquement le dos et rentre dans la cabanne.

SCÈNE II.

BROMINE, LE COLONEL OGHILEFF.

BROMINE, à lui-même.

Ce chirurgien est un homme de cœur... et moi j'ai fait taire le mien... J'ai parlé comme un barbare !... Mais je dois obéir aux dures nécessités qui me sont imposées. Mes joyeux voyages de touriste à travers l'Europe civilisée sont finis; oublions l'hospitalité de Paris et de Londres; me voilà redevenu Russe, sachons être de mon pays. (Il est entré dans la cabane. Le colonel Oghileff a traversé pendant ce temps le théâtre et y entre à son tour.) Ah! colonel Oghileff, vous venez de visiter nos postes avancés, quelles nouvelles?

LE COLONEL.

Excellentes, général; les autres corps ont, comme nous, réussi à passer le Danube, sur les points qui avaient été désignés. Nous serons bientôt les maîtres de la Dobruska tout entière...

BROMINE.

Il nous faudra, pour cela, livrer encore plus d'un combat sanglant, colonel.

LE COLONEL.

La valeur et l'impétuosité de nos troupes triompheront sans peine de tous ces obstacles, général. Une armée russe n'a-t-elle pas déjà suivi victorieusement cette route jusqu'à Andrinople?

BROMINE.

Oui, nous voilà sur le même terrain qu'une armée russe parcourait en 1828; mais pensez-vous que les circonstances soient les mêmes? Alors l'Europe nous regardait faire en se croisant les bras. Aujourd'hui, la France et l'Angleterre s'arment contre nous; à l'heure qu'il est la guerre est declarée peut-être... J'étais encore à l'école des cadets à cette époque dont vous parlez, Oghileff, et comme aujourd'hui, nos bulletins étaient écrits selon la volonté du maître; mais on se racontait tout bas, qu'un cinquième de notre armée arriva seul à Andrinople, et l'on ajoutait que la paix fut moins un bienfait pour les Turcs que pour le reste de nos soldats épuisés. Ce n'est pas sans intention peut-être que les Turcs nous laissent engager sur ce terrain, qu'ils nous ont pourtant fait acheter chèrement avant de l'évacuer...

LE COLONEL.

Comment, général, vous pensez?...

BROMINE.

J'ai dû exécuter mes ordres, et je les accomplirai fidèlement jusqu'au bout... Mais Omer-Pacha est habile, et s'il cherche à concentrer ses forces...

LE COLONEL.

Eh bien, qu'il ose nous présenter la bataille, et nous vaincrons tous nos ennemis d'un seul coup.

BROMINE.

Je l'espère, Oghileff; je n'aurais pas voulu parler ainsi à d'autres que vous... Mais, maintenant que vous voilà bien instruit de notre position, je compte sur vous pour me seconder, colonel : qu'on redouble de surveillance, que la discipline la plus sévère soit maintenue, et qu'au moindre mouvement de l'ennemi, je sois sur-le-champ averti.

LE COLONEL.

Il suffit, général. (Il sort.)

SCÈNE III.

BROMINE, à lui-même.

Occupons-nous maintenant de mes rapports. (Un officier entre.)

SCÈNE IV.

BROMINE, UN OFFICIER, puis JUANISKA, MICHEL, UN CHEF DE COSAQUES, LES CONTINGENTS POLONAIS ET RUSSES, ESCORTE DE COSAQUES.

L'OFFICIER (NICOLAS).

Général, le détachement de recrues destinés à notre corps vient d'arriver.

BROMINE.

Il ne saurait venir plus à propos. Je veux les voir... qu'ils approchent.

L'OFFICIER.

Les voici, général.

Les recrues arrivent pêle mêle poussés par l'escorte cosaque. Bromine sort de le cabane pour les passer en revue.

LE CHEF DES COSAQUES (PIERRE).

Allons, halte!... et tâchez de vous redresser un peu pour passer la revue de son Excellence... Voici mes contrôles, Excellence!... (Il lui remet des contrôles.)

JUANISKA, à Clodsko.

Patience, bon Michel, nous sommes au terme de notre pénible voyage.

CLODSKO.

Patience et force... j'en ai à revendre... vous le savez bien... C'est pour vous que je souffre.

JUANISKA.

Je ne souffre pas, Michel.

CLODSKO.

Si... si!... voilà ce qui m'étrangle... vos pauvres petits pieds sont en sang.

JUANISKA.

Mes pieds s'endurciront à la longue comme mon cœur, tu verras !...

LE CHEF DES COSAQUES (PIERRE), les poussant.

Eh bien, vous alignerez-vous, vous autres... (Remettant un papier au Général qui s'est approché.)

BROMINE.

Vous avez dans votre détachement le contingent du village de Slutz?

LE CHEF DES COSAQUES (PIERRE).

Oui, Excellence, et ceux-là m'ont donné assez de mal à conduire... Des raisonneurs, des mutins même... J'ai dû en châtier plus d'un sur la route, mais le knout en a fait justice.

BROMINE.

La discipline sévère de nos régiments assouplira ces indociles, et si cela devenait nécessaire, le knout ferait encore son office. (Lisant sur le contrôle.)

LE CHEF DES COSAQUES (PIERRE).

Le contingent était plus nombreux. Plusieurs des jeunes gens qui devaient en faire partie avaient réussi à s'enfuir dans les bois, au moment de la levée... Mais suivant nos ordres, nous avons emmené les parents les plus proches à leur place, et le compte y était en partant!... Malheureusement, la route est longue, Excellence... au bout de quelques jours, ça tombait comme des mouches, et quand ils ont vu qu'on les forçait de suivre, ils se sont mis à dégringoler pour tout à fait... comme si c'était une épidémie... Méchanceté pure, Excellence... Depuis longtemps que j'escorte cette coquine de marchandise, je n'ai jamais vu autant de déchet.

BROMINE, sévèrement.

Il suffit, monsieur. (Avec dépit.) Des vieillards, des enfants?... que diable ferai-je de cela?... (Passant devant le front des recrues, et remarquant Juaniska et Clodsko.) En voici au moins qui paraissent valoir quelque chose. Celui-ci, un gaillard robuste, et ce jeune homme... sa physionomie prévient en sa faveur. (A Juaniska.) Ton nom, jeune homme?

JUANISKA.

Stanislas Taleski.

BROMINE.

Taleski!... je me rappelle en effet... Votre père a fait ses premières armes avec moi, jeune homme, et je m'intéresse à vous, bien que je n'ignore pas qu'il soit mort depuis en rebelle.

JUANISKA.

Mon père est mort en martyr, général!

BROMINE.

Rassurez-vous, je ne rendrai point le fils responsable des fautes de son père. Je me plais à croire, au contraire, que vous servirez fidèlement la Russie.

JUANISKA, avec une intention marquée.

Que le ciel m'en accorde l'occasion, je jure de mourir pour mon pays, général.

BROMINE.

Bien, nous utiliserons cette ardeur. Vous avez reçu quelque instruction, je pense?

JUANISKA.

Oui, général.

BROMINE.

Nous ferons bientôt de vous un sous-officier. (Montrant Michel.) Cet homme est aussi de votre village?

MICHEL.

Je suis son propre frère de lait, Excellence.

BROMINE.

Vous êtes bons camarades, alors?

MICHEL, se récriant.

Camarades!... oh! Excellence, c'est-à-dire... (Se ravisant sur un geste de Juaniska.) Oui, Excellence, oui, comme qui dirait les deux doigts de la main.

BROMINE.

Tu me parais un garçon solide!

MICHEL.

Oui, Excellence... j'ai la peau des reins coriace, allez!...

LE CHEF DES COSAQUES (PIERRE).

Je crois bien, Excellence, c'est un drôle qu'on trouve toujours entre ses compagnons et les coups qu'ils ont mérité. Ma foi, pendant le voyage, il s'est trouvé de la besogne.

MICHEL.

Chacun son goût... c'est ma santé à moi...

BROMINE.

Résolu et vigoureux... voilà mon affaire. Je t'attache à ma maison pour prendre soin de mes chevaux et de mes armes.

MICHEL.

Comme vous voudrez, Excellence... pourvu qu'on ne me sépare pas de... de mon camarade.

BROMINE.

Hé bien, peut-être trouverai-je aussi un moyen de l'employer ès de moi. Attendez mon retour! (A l'officier.) Monsieur, je veux veiller moi-même à ce que ces hommes soient incorporés au plus vite. Venez?

Le général sort avec l'officier; les recrues le suivent ainsi que leur escorte. Juaniska et Clodsko restent.

SCÈNE V.

JUANISKA, MICHEL.

MICHEL.

Allons, le général est au moins plus aimable que ces maudits cosaques; ça donnera le temps à la peau du dos de repousser... car je me vantais tout à l'heure, Juaniska, et je peux vous avouer à présent que ça commençait à me cuire.

JUANISKA.

Pauvre ami, pourquoi t'exposer pour les autres aux coups de ces barbares?

MICHEL.

C'était pour m'habituer, Juaniska; car ces gens-là sont impitoyables. Votre tour pouvait venir d'un moment à l'autre, et je pensais qu'il vous fallait un bouclier à l'épreuve... Qu'est-ce que je dis!... Si l'un d'eux avait osé vous frapper, il n'aurait plus porté la main sur personne!

JUANISKA.

Bon Michel!... J'étais bien résolue, en partant, à tout souffrir; mais j'aime à voir que tant de maux n'ont point abattu ton courage.

MICHEL.

Non, non... Juaniska....

JUANISKA, s'exaltant.

Comme moi, ce qui te soutient, n'est-ce pas? c'est la pensée de venger, un jour, nos pères morts dans les cachots ou les supplices.

MICHEL, simplement.

Je ne vous dirai pas au juste ce que c'est, Juaniska, mais j'espère que je ne mourrai pas sans donner le knout, à mon tour, à ceux qui nous ont tant fait souffrir.

JUANISKA.

Oui, espérance; ami, espérance!... Cette sainte mission pour laquelle tant d'hommes intrépides ont misérablement versé leur sang, c'est peut-être une femme, c'est moi que le ciel a choisie pour l'accomplir!.... Comment j'y arriverai, je n'en sais rien encore... Mais me voilà parmi nos ennemis, patiente, implacable, et mon cœur ne faiblira pas!... Qui sait?... Ce général qui nous rapproche de lui est peut-être celui qui me fournira les moyens d'avancer l'heure que j'attends ! Michel, je puis compter sur toi ?

MICHEL.

Comme sur un chien fidèle... prêt à aboyer et à mordre sur un mot, à se taire sur un geste, Juaniska.

JUANISKA.

Je suis à cette heure Stanislas, ton camarade, et quand tu me verrais en danger de mort; garde-toi de révéler mon sexe.

MICHEL.

C'est dit, Juaniska... Stanislas.

JUANISKA.

On vient, c'est le général... Silence.

SCÈNE VI.

LES MÊMES, BROMINE.

BROMINE.

Voilà vos compagnons casés... A votre tour. (A Michel.) Tu t'appelles?

MICHEL.

Michel Clodsko, excellence.

BROMINE.

Il est convenu que je t'attache à ma personne. Quant à ton camarade, puisque vous désirez ne pas vous quitter, je vais essayer ce qu'il sait faire, et nous verrons ; mais songez bien tous deux qu'à mon service il faut être dévoués et muets. A ce prix ma faveur vous est assurée, mais à la moindre faute, un châtiment exemplaire ne se ferait pas attendre...

JUANISKA.

Nous ferons de notre mieux, général.

BROMINE, à Juaniska.

Mettez-vous là, Taleski, et pendant que Michel va fourbir mes pistolets que ces derniers combats ont presque mis hors de service, vous allez me copier cette dépêche. Je veux qu'elle soit expédiée sur le champ? (Michel s'assied sur un tabouret et s'occupe après les pistolets. Juaniska s'est assise à la table. Le général lui donne la dépêche, l'installe et la regarde écrire les premières lignes.) Belle écriture... de l'orthographe !... Allons, je crois que j'ai eu la main heureuse. (Il quitte la table et vient près de Michel.) Et toi, voyons un peu comment tu t'y prends !

JUANISKA, à part.

Employée ainsi... c'est Dieu qui le veut !... Je puis connaître leurs secrets, leurs plans... les déjouer peut-être !... A l'œuvre, Juaniska, à l'œuvre ! Il faut que le maître soit content...

Elle se remet à écrire, à ce moment une canonnade suivie de mousqueterie se fait subitement entendre. Le tambour bat, les trompettes sonnent. Des soldats traversent le fond en courant. Le colonel Oghileff avec quelques officiers se précipitent dans la cabane.

SCÈNE VII.

LES MÊMES, OGHILEFF, OFFICIERS, SOLDATS.

BROMINE.

Qu'est-ce que cela, messieurs?

OGHILEFF.

Général, un détachement ennemi a réussi à dérober sa marche à nos postes avancés... et se présente avec plusieurs pièces de canon dont les boulets arrivent jusqu'ici.

BROMINE.

Point de confusion... Que chaque corps prenne sa place de bataille; nous allons vigoureusement repousser cette attaque!... Allez, messieurs, je vous rejoins. (A Juaniska.) Vous, continuez, jeune homme, il faut que cette dépêche parte à l'instant...

Le colonel et les officiers s'éloignent, les troupes russes se rendent au combat; le feu continue avec plus de force. Le général se penche vers Juaniska pour voir où en est son travail, à ce moment, un boulet vient frapper dans le mur de la cabane dont il démolit une partie, les débris roulent jusque sur la table. Juaniska continue froidement à écrire. Clodsko, voyant qu'elle n'est pas blessée, se jette à genoux.

MICHEL, à part.

Sauvée, bonne Sainte-Vierge, sauvée!

BROMINE, secouant la poussière qui est tombée sur la manche de son habit.

Il n'a pas bougé!... Décidément, c'est le secrétaire qu'il me faut. C'est bien; donnez, vite, que je signe... (Il signe.) Cette dépêche au général Kotzebue. (A Michel.) Va, Michel!...

Bromine monte à cheval, Michel va partir avec la dépêche, Juaniska l'arrête.

JUANISKA.

Écoute!... Michel, si l'on te questionne, pas un mot... que ton cheval dévore l'espace et que cette lettre arrive sans retard...

MICHEL.

Au général Kotzebue.

JUANISKA.

Non, à Omer-Pacha!

MICHEL, étonné.

Ah!!!... (Il s'incline, monte à cheval et part.)

JUANISKA, avec exaltation.

Si tu ne m'as pas tuée, mon Dieu! c'est que tu veux que mon père et mon pays soient vengés!...

Combat dans la coulisse, passage des troupes qui se postent en avant.

Changement.

Cinquième Tableau.

Le théâtre représente une rue de Toulon.

SCÈNE PREMIÈRE.

BISKARA, LOMBARD, en costume de chasseur à pied.

LOMBARD.

Enchanté de la rencontre, sergent.

BISKARA.

Et moi pareillement, mon brave. Je t'ai passé l'inspection d'un coup d'œil, et je suis content de toi... il y a de la tenue, du chic... la métempsycose est complète. Tu as tenu parole !

LOMBARD.

Pas vrai, sergent? Au lieu d'un vaurien que j'avais l'air, je suis passé joli chasseur... Oh ! j'ai joliment changé sous tous les rapports... excepté que je suis toujours le même pour la chose que vous savez... C'est au cœur que ça me tient, et pour ça, je crois que je mourrai dans la peau d'un incurable.

BISKARA.

C'est de la petite Fleurette que tu veux parler, n'est-ce pas? J'avoue que l'objet est agréable... mais la gloire te consolera de ses rigueurs, et tu as déjà pas mal de chance, pour un conscrit, de faire partie de l'expédition, ce qui m'a procuré l'avantage de te retrouver ici, à Toulon, où nous allons nous embarquer tantôt sur le dos de la plaine liquide... chemin de fer d'Orient.

LOMBARD.

Le liquide ne m'a jamais dégoûté, sergent, quoique celui-là soit un peu salé ; et puis, je me suis laissé dire qu'on n'était nourri à bord que de biscuit... moi qui adore la pâtisserie ! Mais, en attendant, sergent, je me permets celui de vous offrir un verre de parfait amour sur le pouce, histoire de trinquer en l'honneur des zouaves, dont vous êtes l'ornement, et des chasseurs que je suis fier de marcher avec !

BISKARA.

C'est pas de refus. J'aperçois justement sur la gauche un bouchon qui nous tend les bras.

LOMBARD.

A vous l'honneur, sergent.

(Il s'efface pour le laisser passer : ils entrent tous deux dans la cabaret au moment ou Cascaret paraît avec sa sœur.)

SCENE II.

CASCARET, FLEURETTE.

CASCARET.

Allons, arrive, petite sœur ; nous voilà à Toulon, visitons la ville... C'est le rendez-vous des régiments qui doivent s'embarquer, et nous saurons bientôt si celui d'Eloi est arrivé.

FLEURETTE.

Laisse-moi respirer un peu!... je suis encore toute étourdie du voyage. Tout ce que j'ai vu, tout ce que je vois me semble comme un rêve...

CASCARET.

Parce que tu n'as jamais quitté Paris; si, comme moi, tu avais voyagé, tu ne t'étonnerais plus de rien.

FLEURETTE, riant.

Toi?... tu as voyagé?

CASCARET.

Parole sacrée... jusqu'à Pontoise... avec le bourgeois, même qu'en revenant j'étais en lapin.

FLEURETTE.

C'est égal, j'ai peut-être eu tort de t'écouter, et je crains bien que tu m'aies fait faire une sottise... car, enfin, une jeune fille qui vient se mettre à la suite d'une armée sans protecteur, ni...

CASCARET, se redressant.

Hé bien, est-ce que je ne suis pas là, moi?... Je voudrais bien voir que quelqu'un osât t'insulter... D'ailleurs, quand nous aurons retrouvé Eloi... Ah! sapristi, Fleurette, regarde là... reconnais-tu ces deux troupiers?

FLEURETTE, avec joie.

Eloi!...

CASCARET.

Pas encore, mais nous allons avoir de ses nouvelles; c'est le sergent... le fils du père Dubois, et le chasseur, c'est Lombard.

SCÈNE III.

LES MÊMES, BISKARA, LOMBARD. (Ils sortent du cabaret.)

LOMBARD.

Eh bien, est-ce que nous ne redoublons pas, sergent?

BISKARA.

Plus tard. Ce matin j'ai affaire à l'état-major, où je suis demandé.

LOMBARD.

Va pour plus tard. (Apercevant Cascaret et Fleurette.) Ah! mon Dieu! est-ce que j'ai la berlue? C'est pas possible! Cascaret!... mam'zelle Fleurette!...

BISKARA.

Nom d'une pipe!... c'est eux tout de même!...

CASCARET.

Bonjour, sergent... Bonjour, Lombard... Excusez, comme tu es ficelé...

LOMBARD.

Je vois que tu t'y connais, petit; mais ça me flatterait bien davantage, si c'était vous, mam'zelle, qui l'ayez remarqué.

FLEURETTE.

Eh bien, si ça peut vous faire plaisir, Lombard, je trouve que vous avez bonne mine sous l'uniforme, et je suis sûre que vous faites un bon soldat.

BISKARA.

J'en réponds, à présent, mam'zelle.

FLEURETTE.

Mais, parlez-moi d'Eloi...

LOMBARD, tristement.

Soyez tranquille, mam'zelle, vous le verrez... il est ici... nous sommes du même bataillon.

FLEURETTE.

Et vous êtes bons amis, j'espère.

LOMBARD.

Je tâche, mam'zelle... Du moment que ça vous oblige, j'espère que j'y arriverai! Tout ce que je peux vous dire, c'est qu'il faudra que les Russes me démolissent avant qu'ils lui fassent une égratignure... car vous en auriez trop de ehagrin, et je veux que vous soyez heureuse.

CASCARET.

Je le disais bien, qu'il y avait du bon...

BISKARA.

Ah ça! moutard, et vous, mam'zelle, sans être trop curieux, qu'est-ce que vous venez faire ici?... Car, si c'est seulement pour voir Eloi, je vous préviens que les troupes embarquent aujourd'hui.

CASCARET.

Nous espérons bien nous embarquer aussi, sergent.

LOMBARD.

Pas possible?

BISKARA.

Allons donc!... drôle de soldat que tu ferais!... et vous, mam'zelle, j'en suis fâché; mais c'est un bal entre z'hommes... Nous, nous allons faire danser l'autocrache... Seulement, on tâchera qu'il paye les violons.

CASCARET.

N'importe, il faut que nous en soyons, sergent. Je l'ai promis à ma sœur, et c'est le père Saint-Chaumont lui-même qui nous y a engagés en nous donnant sa bénédiction.

LOMBARD.

Le père Saint-Chaumont...

FLEURETTE.

Oui, il n'a plus besoin de nous, car notre souscription lui a donné une petite fortune, et, jugez un peu de son bonheur, il a été décoré et placé aux Invalides, grâce aux démarches de ce brave officier que vous avez vu à la maison.

BISKARA.

Le commandant Dorgères... Je le reconnais bien là.

CASCARET.

Et moi donc, si j'avais voulu, je serais de la haute à présent, allez; vous savez bien, mon Anglais? Voyant que je refusais ses guinées, il voulait absolument m'emmener en Angleterre.

BISKARA.

Pour t'y établir pâtissier?

CASCARET.

Mieux que ça... m'adopter quasiment comme son fils... En voilà un fier original!... il revenait tous les jours me tourmenter, moi et ma sœur, pour que nous acceptions. Mais nous avions notre idée... Un beau matin, sans l'en prévenir, nous avons filé, et nous voilà.

BISKARA.

Mais encore une fois, vous ne pouvez partir avec l'armée.

CASCARET.

Pourquoi pas donc? Nous sommes enfants d'un soldat... ma sœur sera cantinière... je serai son adjoint... son commis.

BISKARRA.

Cantinière! nom d'une pipe... avec ces yeux-là... quel joli cadeau à faire aux zouaves.

LOMBARD.

Et aux chasseurs, sergent.

FLEURETTE.

Oui... oui, les chasseurs... Éloi en est.

LOMBARD, *joyeux.*

Et je pourrais vous voir tous les jours. Boire la goutte versée par vous!... mille noms... je vais faire une fière consommation de petits verres...

BISKARA.

Minute!... Pour être cantinière, il faut une patente, et ça n'est pas facile.

CASCARET.

Je m'en doute bien... mais on nous a dit que nous retrouverions ici l'officier qui a été si bon pour le père Saint-Chaumont... et nous le prierons alors...

BISKARA.

Le commandant Dorgères. Au fait, c'est une idée. C'est le

favori du général, et s'il veut s'en mêler... Ma foi vous tombez bien, il m'a justement fait demander ce matin, je vais lui en toucher deux mots.

CASCARET.

Ah! merci, pour ma sœur et pour moi, sergent.

LOMBARD.

Sans oublier les chasseurs, sergent.

BISKARA.

C'est dit : comptez sur moi... Je vais attaquer la chose tout de suite. Je m'évapore... à bientôt. (Il sort.)

SCÈNE IV.

LES MÊMES, excepté BISKARA, puis BROGHILL.

FLEURETTE.

Maintenant, Lombard, c'est à votre obligeance que j'aurai recours pour nous conduire où est Éloi.

LOMBARD.

Oui, mam'zelle... Ah! il va être bien surpris, bien heureux... mais je partage la moitié de son bonheur. Venez?...

CASCARET, se trouvant nez à nez avec Broghill.

Ah! sapristi, mon mylord!

BROGHILL.

Haow!... c'était la petite Cascarette... j'étais dans lé ébahissement!... Yes, petite friponnerie, c'était moi-même... Vos avez fui vo, sans prévenir moâ! c'était terrible!... je étais furious!... mais puisque jé tenais vo, je volais plus lâcher!... je faisais le bonheur à vo, et à la petite miss, malgré vo...

CASCARET.

La petite miss et moi, nous sommes bien reconnaissants, mylord, mais...

BROGHILL.

Acceptez, ou je boxais vo!...

LOMBARD.

En voilà un entêté.

BROGHILL.

Yes... j'étais grandement bocop entêté! j'étais une véritable mioulette.

CASCARET.

Le fait est que pour courir ainsi après nous...

BROGHILL.

No... je courais pas... jé allais tranquillement à Malte pour voir les armées anglaises et françaises dans le fraternisation... et puisque je trouvais vo, je emmenai vo avec le petite miss.

CASCARET.

Oh! nous allons plus loin que ça, mylord. Ma sœur se fait cantinière et nous suivrons l'armée jusqu'au bout.

BROGHILL.

Haow... cantinière pour verser le gin aux combattants et secourir lés blessés sur le champ de bataille... c'était bien, et jé approuvais grandement fort... (Avec émotion.) Le petite miss il n'oubliera pas le soldat de mon pétrie, s'il voit lui souffrant et fatigué?...

FLEURETTE.

Non, mylord. L'Anglais comme le Français auront droit à mon zèle. Je ne refuserai pas même de verser la goutte au Russe prisonnier, car il n'y a plus d'ennemis quand ils sont malheureux.

BROGHILL, lui serrant la main.

Haow... yes... je approuvais!... et je partais avec vo!

CASCARET.

Comment, vous voulez vous faire cantinière?

BROGHILL.

No!... mais jé étais riche... jé ennuyais moi, et jé avais rien à faire, jé volais faire lé campagne en amateur pour voir le petite miss dans les bienfaisance militaire, et donner des guinées à vo, si vo en avez besoin.

LOMBARD.

Mille noms!... c'est un brave homme... acceptez?...

CASCARET.

Eh bien, ça va...

BROGHILL.

Haow... très-bien... je serais enchanté d'être le protecteur de deux braves enfants de la France.

CASCARET.

Allons voir Éloi, maintenant... Vous n'êtes pas de trop, mylord. Venez.

(Ils sortent tous. Entrent du côté opposé Pharamond en costume de chasseur d'Afrique (tenue d'écurie), il porte sur sa tête une selle de général. Sous son bras, un sabre, une cravache, une épée; de l'autre, un carton renfermant un chapeau d'ordonnance. D'autres soldats portent des bagages appartenant à l'état-major. Sous la conduite d'un brigadier).

SCÈNE V.

PHARAMOND, UN BRIGADIER, SOLDATS.

PHARAMOND, à lui-même.

Ouf!... On m'a chargé de porter la selle d'ordonnance du général jusqu'au vaisseau où son cheval de bataille est dejà embarqué... C'est un honneur que je partage provisoirement avec ce quadrupède, et que je lui aurais volontiers laissé. Ah! c'est encore lourd... et surtout fort gênant. — J'ai vu souvent mon groom se rendant à l'écurie dans cette situation, et je n'en avais pas bien apprécié le côté pittoresque. Après ça, le noble métier des armes a ses misères comme ses splendeurs! Palsembleu!... je ne reculerai pas... je me raidirai contre les difficultés... je serai de fer, je serai de bronze... je suis Breton! aië!... mon col me serre d'une manière atroce... et il fait une chaleur!... respirons... Cette horrible odeur de cuir m'est restée, heureusement que j'ai mon flacon.

Il pose la selle a terre et tirant un fin mouchoir de batiste de sa poche, il s'essuie la figure.

LE BRIGADIER, rentrant.

Hé! là-bas! quand ça vous conviendra... faut-il que je vous passe mon éventail?... Allons, leste, un peu d'amour, monsieur le marquis.

PHARAMOND.

Voilà, brigadier, voilà...

Il remet la selle sur sa tête et rejoint le brigadier. A ce moment paraît Dorgère avec Biskara.

SCÈNE VI.

DORGÈRES, BISKARA.

BISKARA.

Ah! mon commandant, vous êtes mille fois trop bon.

DORGÈRES.

Je vous rends justice, mon cher Biskara. Le général demandait pour planton auprès de sa personne un sous-officier intelligent et dévoué, j'ai naturellement pensé à vous.

BISKARA.

Je vous revaudrai ça, si je le peux, et en même temps, ce que vous faites encore pour Fleurette et son frère.

DORGÈRES.

Ne sont-ils pas aussi des amis à moi? A ma prière, l'officier qui est chargé de ce service accordera, je n'en doute pas, leur demande. Portez-lui donc ce billet sur-le-champ, et attendez l'expédition de la patente.

BISKARA.

Suffit, mon commandant; plutôt je pourrai leur remettre la chose, et plutôt je ferai des heureux... Je reviens, après cela, me remettre à vos ordres, mon commandant.

DORGÈRES.

Allez... mais ne tardez pas, car l'embarquement des troupes va bientôt commencer.

Biskara salue et sort: à ce moment paraît Pharamond qui rentre d'un air préoccupé.

SCÈNE VII.

DORGÈRES, PHARAMOND.

PHARAMOND, *à lui-même.*

Le brigadier est un peu vif... Quand il m'appelle monsieur le marquis, ça m'agace singulièrement les nerfs... Que vois-je ?... Eugène Dorgères !

DORGÈRES.

Pharamond !

PHARAMOND.

Lui-même... Il m'a reconnu, malgré le costume et la coupe peu avantageuse de ma chevelure... (*Il ôte son képi et montre sa tête tondue.*)

DORGÈRES.

Comment ! tu fais partie de l'expédition ? J'avais bien ouï dire que tu t'étais réellement engagé; mais ne t'ayant plus revu, j'ignorais...

PHARAMOND.

J'ai choisi les chasseurs d'Afrique. Comme malgré ma déconfiture, il me restait quelques amis, et que je suis un cavalier assez passable, j'ai obtenu ce grade d'emblée...

DORGÈRES.

J'en suis enchanté... Nous ferons la guerre ensemble comme deux frères d'armes... Tu partageras ma ration et ma tente...

PHARAMOND.

Ah ! commandant, c'est impossible... et la distance ?

DORGÈRES.

Bon... sous les armes ! mais en particulier, je veux être pour toi le même... Je puis, d'ailleurs, te trouver des fonctions auprès de l'état-major... Tu es instruit... tu dessines comme un ange...

PHARAMOND.

Non... non... ça me gâterait tout mon roman !... C'est activement que je veux servir; puisque j'ai choisi la noble carrière des armes, il faut que je reste dans le rang jusqu'à ce qu'une action d'éclat m'en ait tiré... Palsembleu ! je ne me ménagerai pas pour cela... D'ailleurs, cette existence accidentée me charme; elle est peut-être un peu émaillée de corvées, et j'ai un brigadier qui n'a pas été élevé par madame de Genlis... Mais, palsembleu ! ce n'est pas cela qui m'empêchera de faire mon chemin.

DORGÈRES.

Allons, comme tu voudras; mais rappelle-toi que tu as toujours en moi un ami, et ne crains pas dans l'occasion de me mettre à l'épreuve.

PHARAMOND.

Merci, mon cher Dorgères... c'est-à-dire, commandant. (*Son-*

nerie ; on bat le rappel au lointain.) Mais, voilà le rappel, nous nous reverrons sur la terre d'Orient; et, palsembleu! j'espère qu'il y fera chaud!

Des soldats de toutes armes logés chez l'habitant traversent le théâtre pour se rendre isolément au lieu du rassemblement. Fleurette et Cascaret paraissent avec Eloi et Lombard. Tous deux portent armes et bagages.

SCÈNE VIII.

LES MÊMES, FLEURETTE, CASCARET, LOMBARD, ÉLOI, puis BISKARA, puis BROGHILL, avec un gamin qui porte un bidon, puis LES TROUPES.

ÉLOI.

Chère Fleurette, mon bon Cascaret, que je suis heureux de vous revoir.

DORGÈRES, à Pharamond.

Toi qui es amateur, regarde cette jeune fille!

PHARAMOND, prenant son lorgnon.

Attends donc? La jolie quêteuse du faubourg!

DORGÈRES.

Dont nous allons faire une charmante cantinière.

FLEURETTE.

Monsieur... je puis espérer...

BISKARA, entrant un papier à la main.

Accordé!... Je tiens la patente!

ÉLOI, FLEURETTE et CASCARET.

Quel bonheur!

BROGHILL, entrant, suivi d'un gamin qui porte un bidon.

Moi, jé apportais la petite bidonne, et je fais mes adieux à vos pour le embarquement.

Il le donne à Fleurette. Le gamin tend la main pour recevoir un pour boire, Broghill ne s'en aperçoit pas.

FLEURETTE.

Vous retournez en Angleterre, milord?

BROGHILL.

Haow... no... no... je embarquai moi pour aller rejoindre à bord de son flotte, le amiral Dundas, un ami à moa... Et si le petit Cascarette, il faisait bien, il viendrait avec moi pour voir le plus beau spectacle du monde. Le flotte française et anglaise faisant leurs évolutions dans le mer Noire.

CASCARET.

Oh! pour ça, milord, je veux bien... ça me va...

FLEURETTE.

Comment! Cascaret, tu me laisserais?

CASCARET.

Eh bien, n'es-tu pas auprès d'Éloi, à présent? (A Broghill) Oui, mylord, oui, je vous en prie, emmenez-moi, et si on me trouve bon pour faire un mousse, vivat! j'aurai, moi aussi, l'occasion de pouvoir taper sur les Russes!

BROGHILL.

Yès... yès... nous arrangerons le chose...

LE GAMIN.

Voilà tout ce que vous donnez pour boire, notre maître? (Voyant qu'on ne lui répond pas.) Vieux grigou, va!

CASCARET, au gamin.

Comment que tu as dit?

LE GAMIN, insolemment.

J'ai dit grigou... Il n'y a que les grigous qui ne donnent pas pour boire...

CASCARET.

Eh bien, en voilà un...

Il lui passe la jambe et le jette par terre. A ce moment, Broghill se retourne et reste émerveillé.

BROGHILL, à Cascaret.

Cascarette... comment vo appelez ce que vous avez fait à cette petite insolence?

CASCARET.

Faites pas attention... Ça s'appelle passer la jambe!

BROFHILL.

Haow!... c'était très-bien! Je partais avec vo, pour voir la France et le Angleterre passer la jambe à le Russie!

Les troupes qui se rendent sur le lieu de l'embarquement viennent et se massent sur le théâtre : le maréchal arrive avec son état-major.

LE MARÉCHAL.

Soldats! vous allez quitter le sol de la patrie pour voguer vers les rives du Bosphore. Vous combattrez à côté des Anglais et des Turcs : qu'ils trouvent en vous union et cordialité dans la vie des camps... dévouement à la cause commune sur le champ de bataille. Partez, soldats, la victoire planera sur vos aigles, car vous allez défendre le faible contre le fort, le bon droit contre l'oppression!

TOUS.

Vive la Turquie!... Vive la France! (On prend les armes; musique militaire. Défilé.)

Sixième Tableau.

Le théâtre représente une des batteries du vaisseau amiral la Ville de Paris. Des matelots entrent soutenant Cascaret.

SCÈNE PREMIÈRE.

CASCARET, MATELOTS, puis BROGHILL, UN SERGENT.

CASCARET, éprouvant le mal de mer.

Ah! saperlotte... vous avez beau dire, je ne m'y ferai jamais... non, jamais.

UN MATELOT.

Allons donc! encore quelques mois et tu n'y penseras plus.

CASCARET, chancelant.

Quelques mois... Mais je serai crevé avant si on ne me remet pas à terre... Ah! que j'ai mal au cœur!... que j'y ai donc mal!

UN MATELOT.

Ça prouve que t'en a... v'là tout.

CASCARET.

Trop! beaucoup trop!... Oh! la fichue idée que j'ai eu là!... Heureusement que je n'ai pas signé mon enrôlement. (Il chancelle de plus en plus.)

UN MATELOT.

Eh bien?... eh bien?... (Cascaret se cale contre lui. Le Matelot lui offre sa gourde.) Tiens, bois un coup, ça te remettra.

CASCARET.

J'en ai infiniment besoin. (Il avale coup sur coup plusieurs gorgées et rend la gourde au Matelot.)

LE MATELOT.

Voyons! ça va-t'y mieux?

CASCARET.

Il me semble que oui.

SCÈNE II.

LES MÊMES, BROGHILL, LE SERGENT.

BROGHILL, à un Sergent qui l'accompagne.

Il était toujours dans lé indispositione?...

LE SERGENT.

Il aura peine à s'y faire, mylord... Tenez, le voilà. (Il désigne Cascaret.)

BROGHILL.

Haow... oui, il avait le mine suffisamment changé... Cascaret, comment ce va-t'il?...

CASCARET.

Pour le moment assez bien, mylord... mais quand ça va remuer... Ah! mylord, j'avoue que j'aimerais mieux être à Galipoli près de ma sœur Fleurette... J'ai assez de la mer, j'en ai assez... Rendez-moi au plancher des vaches, sinon votre serviteur, je suis flambé.

BROGHILL.

Haow... je ne voulais pas que tu sois flambé... je parlerai au brave amiral Hamelin... il est aussi le ami à moa aujourd'hui.

On bat aux champs.

ACCLAMATIONS SUR LE PONT.

Vive la France!... vive l'Angleterre!...

LE SERGENT, aux Matelots.

Voici les amiraux... A vos rangs.

BROGHILL, à Cascaret.

Très-bien, je pourrai arranger le affaire tout de suite.

SCÈNE III.

LE SERGENT, MATELOTS, puis LES AMIRAUX DUNDAS et HAMELIN, L'ÉTAT-MAJOR, MATELOTS ANGLAIS, BROGHILL, CASCARET.

Les matelots se rangent sur deux files. Des matelots anglais entrent, puis les Officiers de la marine anglaise et française : à leur suite les amiraux Dundas et Hamelin.

DUNDAS.

Oui, mon cher amiral, et ce n'est point courtoisie de ma part ainsi que vous le prétendez... votre flotte est admirable, digne en tous points de la grande nation qu'elle représente et du chef auquel on en a confié le commandement.

HAMELIN.

Amiral, un tel éloge...

DUNDAS.

Pas de fausse modestie. Depuis que nous croisons dans la mer Noire, j'ai été à même d'apprécier ce que vous valez et quel développement immense a pris la marine française. Entre nous, j'aime mieux vous avoir pour alliés que pour adversaires. (Ils se serrent la main affectueusement.)

HAMELIN.

Je me disposais à me rendre à bord de *la Britannia*... vous m'avez devancé.

DUNDAS.

J'avais hâte de vous communiquer ce nouveau factum adressé par le czar à ses peuples. Voyez si vraiment il serait possible de déplacer les questions avec plus de duplicité et de machiavélisme. (Il lui remet un papier.)

HAMELIN, tout en parcourant le papier des yeux.

Il prétend n'être animé que par un esprit de justice... Il accuse la France et l'Angleterre de sourdes menées, de vouloir lui arracher une partie de ses possessions.

DUNDAS.

De nous liguer pour faire descendre la Russie de la position puissante où l'avait placée la main du Très-Haut.

HAMELIN.

Il n'hésite pas, lui qu'un esprit d'envahissement anime, à qualifier la guerre qu'il a entreprise de guerre sainte!... Ce langage dépasse en astuce et en perfidie celui qu'osa tenir à Constantinople le prince Menschicoff, son envoyé!... Les peuples sur lesquels le czar fait peser sa toute-puissance seront forcés de croire et d'obéir... mais l'histoire fera justice un jour des odieux moyens auxquels l'autocrate a recours.

DUNDAS.

Notre canon devancera l'histoire!...

HAMELIN.

J'en ai l'espoir... j'y compte!...

DUNDAS.

Avant de commencer les hostilités, j'ai cru devoir envoyer en parlementaire, à Odessa, la frégate à vapeur *le Furious,* pour réclamer les consuls et ceux de nos nationaux qui pourraient désirer sortir de la ville. Dès que cette frégate sera de retour, nous aviserons sur quel point devra d'abord se porter notre attaque.

HAMELIN.

Espérons que la flotte russe se décidera enfin à sortir de Sébastopol... Deux fois déjà elle a décliné le combat en rentrant précipitamment au port à notre approche... L'amiral Menschicoff ne me semble pas pressé de nous prouver, comme il le prétend, que la marine du czar est aujourd'hui la première du monde.

DUNDAS.

Il faudra que nous sachions à quoi nous en tenir pourtant!

HAMELIN.

Oui, dussions-nous aller les chercher dans Sébastopol même. Je vous disais tout à l'heure, amiral, que je me disposais à me rendre à bord de votre vaisseau, voici le motif qui m'y amenait : dans un de mes rapports adressé à son Excellence le ministre de la marine, je m'étais fait un devoir de lui signaler l'intrépide dévouement du matelot anglais Drick : Sa Majesté, désireuse de récompenser de la manière la plus éclatante cet acte de courage, m'a chargé, sauf votre approbation, amiral, de nommer ce brave marin chevalier de la Légion d'honneur.

DUNDAS.

Sa Majesté a eu là une pensée, dont la délicatesse sera appréciée de tous, comme elle mérite de l'être! Cet honneur fait à un des nôtres par le chef de la nation française rendra plus vive encore l'affection qui unit aujourd'hui deux peuples jadis rivaux, parce qu'ils ne se connaissaient pas comme ils se connaissent à présent. (*Se retournant et désignant un des matelots anglais.*) Approche, Drick !

Le matelot se découvre et se place entre les deux amiraux.

HAMELIN.

Matelot Drick, il y a un mois, vous fûtes envoyé à terre avec un matelot français pour aller faire une reconnaissance ; surpris par des cavaliers russes, qui fondirent sur vous à l'improviste, une lutte s'engagea... Malheureusement, frappé d'un coup de lance en pleine poitrine, le matelot français fut mis hors de combat, et vous, au lieu de fuir, vous fîtes au blessé un rempart de votre corps, et continuâtes à vous battre avec la plus grande résolution. Grâce à cette énergique résistance, on eut le temps de venir à votre aide, et le matelot blessé fut sauvé... Pour prix de cette belle conduite... votre amiral m'y autorisant, je vous nomme, au nom de Sa Majesté l'Empereur des Français, chevalier de la Légion d'honneur. (*Il détache sa croix et la place sur la poitrine de Drick.*)

TOUS.

Vive la France !... vive l'Angleterre !...

Le matelot anglais en proie à la plus vive émotion veut parler et ne peut articuler un seul mot, il témoigne par sa pantomine la joie qu'il éprouve en portant tour à tour sa main à son front et sur son cœur, puis enfin faisant an effort sur lui-même il s'écrie en pleurant :

LE MATELOT ANGLAIS.

Oh ! God !... God !... Vive la France !... (*Tous les officiers et les matelots anglais répètent ce cri. Les amiraux s'éloignent avec l'état-major.*)

SCÈNE IV.

LE SERGENT, LES MATELOTS FRANÇAIS ET LES MATELOTS ANGLAIS.

LE SERGENT, *aux matelots.*

Camarades, à nous à présent de faire accueil et fête au brave Drick... Allons ! des gobelets, du vin... de l'eau-de-vie !...

TOUS.

Oui ! oui !

On apporte des bouteilles et des verres que l'on pose sur un tonneau. Les matelots français versent et offrent des verres remplis aux Anglais.

LE SERGENT, *à Drick.*

Brave Drick !... nous vouloir boire à la santé à toi.

DRICK.

Yès... yès... moi bien heureux !...

Il trinque, boit et se met à danser la gigue (quelques pas seulement).

LE SERGENT.

Bravo!... vivat!... Oui, vive Drick!

TOUS.

Vive Drick!...

DRICK, toujours parlant avec embarras.

Verywell!... yes!... vive vô!... vive le Turquie... Et... et... (Il gesticule impatienté de ne pas trouver l'expression.)

LE SERGENT.

Et à bas les Russes, n'est-ce pas?

DRICK, joyeux.

Yès.... yès... yès!...

LE SERGENT.

Sois tranquille, ça ira... comme le dit la chanson des matelots du navire *la Ville de Paris!*... Écoute ça? Allons, Cascaret, roucoule-nous la chose.

CASCARET.

Oui, je vais vous la chanter.

AIR : De *M. Fessy*.

Cher papa z'et cher' maman,
Et toi, ma sensible amante,
Qui me comble d'sentiment
Du depuis que j'te fréquente,
Sans adieu, je r'tourne à bord
Ousque l'Ottoman m'appelle.
Sous prétexte qu'il est l'plus fort,
Le Russe leux' y cherch' querelle...
Mais not' pavillon là-bas...
Est v'nu leur dir' : On n' passe pas!

DEUXIÈME COUPLET.

Ils n'auront, pas Dieu merci,
Comme en l'an dix-huit cent douze,
Un chien d'froid qui c'te fois-ci
Nous poussera dans la blouse.
Sans leur général Verglas,
Voyons c' que vaut leur armée.
Nous sommes prêts... mais j'crois qu'hélas!
Ils redoutent la dégelée..
Car nos matelots, nos soldats,
Ont crié : L'on n'passe pas.

TROISIÈME COUPLET.

Jusqu'ici leurs bâtiments
De régner seuls s' fesaient gloire;

Mais, voyant qu'ils n' s'raient pas blancs,
A présent sur la mer Noire,
Un moment d' réflexion
Vit' dans leurs ports les ramène,
Pendant que not' pavillon
D' long en large se promène...
A nous, s'ils ne viennent pas, *bis.*
Allons les chercher là-bas.

BROGHILL.

Moi, je sais un quatrième couplet ; si vous voulez, je vais le chanter...

QUATRIÈME COUPLET.

Entre ennemis généreux,
Point n'est besoin de bravade ;
Nous savons vous courageux,
Commencez le canonnade.
Venez en braves soldats,
Aux yeux de toute l'Europe
Laver dans de vrais combats
Le massacre de Sinope !...
Mais si vous ne venez pas,
Goddam ! nous irons là-bas.

(*Tumulte sur le pont.*)

SCÈNE V.

LES MÊMES, LE CAPITAINE *du Furious*, HAMELIN, DUNDAS.

HAMELIN, à un officier.

Pourquoi ce tumulte sur le pont?

LE CAPITAINE, entrant vivement.

Amiral ! amiral !

DUNDAS.

Qu'y a-t-il, capitaine, parlez, expliquez-vous ?

LE CAPITAINE.

Conformément aux ordres que vous m'aviez donnés, je me suis rendu à Odessa. J'avais arboré pavillon parlementaire à la frégate et à mes embarcations. Je devais être et j'étais plein de confiance : lorsque peu d'instants après avoir quitté les autorités maritimes de la ville, les batteries du port ont traitreusement tiré sept coups de canon à boulets sur cette même embarcation qu'ils venaient d'accueillir.

DUNDAS.

Oh ! les traîtres ! les traîtres !

HAMELIN.

Ils ont accompli là un fait sans exemple dans l'histoire des guerres civilisées... un fait qui crie vengeance !...

TOUS.

Oui, vengeance!... vengeance!...

HAMELIN.

Elle sera prompte et exemplaire. Oui! nous les châtierons à la fois de leur lâche trahison, et de l'odieux massacre de Sinope. Capitaine de pavillon, signal à toute la flotte... A Odessa!...

TOUS.

A Odessa!...

Septième Tableau.

LE BOMBARDEMENT D'ODESSA.

Le théâtre représente, à gauche, la ville d'Odessa sur une hauteur. L'habitation du gouverneur, et les principaux monuments, tels qu'ils existent. Au fond, les vaisseaux russes à l'ancre. A droite, la flotte française en ligne de bataille lance des bombes sur la ville et sur le port : à gauche, les fortifications s'étendent presque jusqu'à l'avant-scène, sur les fortifications, des pièces de canon faisant feu.

Des chaloupes canonnières françaises et russes paraissent. Un débarquement s'opère au premier plan du côté des Français qui se portent sur la batterie pour la démolir, et les Russes qui veulent repousser les Français qui avancent. L'action alors devient générale. Lorsqu'elle est terminée, la ville est en ruines. La flotte russe brûle, la batterie est démolie. Un navire coule; sur les débris de ce bâtiment apparaissent tout à coup un matelot français et un matelot anglais tenant chacun le drapeau de sa nation : cris de Victoire.

FIN DU PREMIER ACTE.

ACTE II.

Huitième Tableau.

LE CAMP FRANCAIS.

Le théâtre représente le camp français, dont les tentes et les barraques sont alignées en forme de rues, aux angles desquelles des poteaux portant les noms de rue de Rivoli, rue de la Victoire, route d'Austerlitz etc. — Sur le premier plan à gauche, l'extérieur de la cantine de Fleurette ; au-dessus de la porte on lit : *Cantine*, et plus bas : *A la renommée de la bonne galette: Au petit Coupe toujours.* — En face, une enseigne de barbier grossièrement façonnée. — A côté, une cuisine militaire au-dessus de laquelle une main mal exercée a tracé: *Au Rocher de Kencale.* — Plus loin deux colonnes de feuillage, surmontées d'un arc pareil, indiquant l'entrée d'un établissement de bal intitulé : *Bal d'Idalie*** :* au-dessous, *Vigoureux, professeur de grâces civiles et militaires, un sou le cachet.* — Des lanternes en papier sont suspendues près de cette enseigne, des armes en faisceaux, des guérites pittoresques tressées en paille; çà et là, et des factionnaires de différentes armes se promenant auprès. Tout cet ensemble doit offrir un coup d'œil animé.

SCÈNE PREMIÈRE.

PHARAMOND, LE BRIGADIER, CASCARET.

Au lever du rideau, Cascaret, installé sur une petite table devant la cantine, coupe sa galette qu'il distribue aux soldats. Un voltigeur remplissant les fonctions de barbier rase ses camarades. Vigoureux le maître de danse montre à exécuter des battements à deux conscrits près l'entrée de son bal. Des amateurs d'escrime et de bâtons font assaut plus loin, un détachement de chasseurs d'Afrique est occupé à panser ses chevaux attachés aux piquets en vue du public. Le brigadier se promène la cravache sous le bras, surveillant cette opération.

PHARAMOND, parlant à son cheval.

Holà... hé... tout beau... tourne !... (Il secoue à terre son étrille e cessant son travail, il continue avec lui-même.) Ah ! ces caresses de la croupe à l'encolure, et de l'encolure à la croupe m'ont brisé le poignet.

LE BRIGADIER, l'apercevant.

Hé bien, qu'est-ce que c'est?... On se croise les bras!... Brossons, brossons, plus vite que ça...

PHARAMOND.

C'est ce que je fais depuis une heure, brigadier.

LE BRIGADIER.

Alors, prenez le bouchon pour changer, monsieur le marquis... Rappelons-nous que la santé du cheval est la parure du cavalier!... Après ça, nous passerons à l'éponge. Visitons bien les yeux, les naseaux et autres... pour que tout *fût* propre.

PHARAMOND, avec résignation.

Oui, brigadier.

LE BRIGADIER.

Quand vous aurez fini avec l'animal, je vous recommande Boulotte que votre supérieur vous fait celui de vous confier.

PHARAMOND.

Boulotte?

LE BRIGADIER.

C'est le nom que j'ai donné à la bête, en mémoire d'une Cauchoise que j'idolais.

PHARAMOND

Comment, encore cette maudite jument?

LE BRIGADIER.

Silence sous les armes!... Est-ce qu'on voudrait par hasard se récalcitrer?

PHARAMOND.

Jamais, brigadier!... Esclave de la discipline, quand je devrais en crever. Ah! le chemin de la gloire est encombré de pas mal d'épines... J'appelle à grands cris l'heure des combats.

LE BRIGADIER.

Patience, jeune héros!... ça ne tardera pas. On dit que les Anglais arrivent aujourd'hui nous rejoindre; ils ne sont pas manchots non plus, et les Russes verront bientôt briller la lame de nos bancals...

PHARAMOND, joyeux.

Vrai, brigadier.

LE BBIGADIER.

Ça ne peut manquer. En attendant, faites-moi l'amitié de donner un coup de pinceau derrière Boulotte.

PHARAMOND, cherchant à comprendre.

Un coup de pinceau?

LE BRIGADIER, lui présentant un balai.

Voilà l'objet... Allons, du moelleux et du leste.

PHARAMOND, prenant le balai.

Oui, brigadier. (Il balaie derrière les chevaux.) Ah! si mes belles délaissées et mes amis du turf me voyaient... C'est égal, palsembleu, je suis Breton... je n'en démorderai pas !... (Sonnerie de trompette dans la coulisse.)

LE BRIGADIER, aux cavaliers.

Enfants, suspendez vos jeux !... Après la toilette du poulet d'Inde, vient le tour de son estomac. Celui du cavalier passe après. A propos, monsieur le marquis, vous êtes commandé de cuisine. Pingot se chargera de votre animal; sans adieu. N'oubliez pas de graisser la marmitte, et songez que l'œil de l'escadron vous contemple.

PHARAMOND.

Je serai digne de lui, brigadier.

LE BRIGADIER.

J'en étais sûr. (Aux cavaliers.) Ramassez vos biblots, vous autres, et Mons !... la main haute et ferme pour empêcher le cheval de sauter.

Les cavaliers ont remis leurs objets de pansage dans leur musette et défilent en emmenant leurs chevaux par la bride. Pharamond se dirige seul vers la cuisine.

SCENE II.

LES MÊMES, excepté LE BRIGADIER et les CAVALIERS.

PHARAMOND, à lui-même.

De cuisine... voilà encore une mission peu aristocratique, et pour laquelle je me sens médiocrement de dispositions... Mais, c'est mon tour, il faut se résigner,.. Ah ! je plains les malheureux condamnés à consommer l'indigne ratatouille que je vais manipuler par obéissance ! Le brigadier m'a insinué de graisser la marmite... Cet usage me laisse un peu d'espoir. (A Cascaret.) Je retiens tout ce qui te reste de pâte-ferme pour ce matin... avec un broc de ce que tu as de meilleur.

CASCARET.

Très-bien, chasseur... tout de suite. (Il entre dans la cantine.)

PHARAMOND, à lui-même.

Ça servira de dessert, et les camarades se rattrapperont là-dessus. (Regardant l'écriteau de la cuisine.) *Au Roché de Kankale !...* Quelle amère dérision ! Et quelle orthographe.

CASCARET rentre apportant la galette et le broc de vin.

Vous n'êtes pas content de votre restaurant, chasseur... Excusez, vous êtes difficile : potage et bœuf le matin, bœuf et potage le soir... ça fait quatre plats au choix !

PHARAMOND, se récriant.

Oh ! au choix !

CASCARET.

Certainement... vous avez le choix de le prendre ou de le laisser.

PHARAMOND.

C'est juste. Allons, donne. O Véry! ô Champeaux! ô Véfour!...
Il prend les objets apportés par Cascaret et entre dans la cuisine.

SCÈNE III.

LES MÊMES, LOMBARD, ÉLOI.

LOMBARD.

Je te dis, Éloi, que tu es trop sage pour un troupier... un petit verre te fait peur... Il me semble pourtant que tu devrais plus qu'un autre pousser à la consommation chez Fleurette. Vois-moi plutôt...

ÉLOI.

Oh! toi, tu as un coffre fait exprès. Moi, ce qui m'attire près d'elle, c'est seulement le bonheur de la voir... Je suis si heureux alors, que j'en perdrais le boire et le manger!

LOMBARD.

C'est des bêtises. Faut pas que le sentiment t'égare au point de te rendre le bourreau de ton corps. Pas vrai, moutard?

CASCARET.

Hé! non... songe que tu as besoin de force pour le grand tremblement qui se prépare.

LOMBARD.

C'est notre premier coup de feu à nous autres, et les enfants de Paris ne sont pas habitués à rester en arrière.

ÉLOI.

Oh! soyez tranquille!... Je pense au pauvre vieux qui est aux Invalides... Je veux qu'il soit content de moi.

SCÈNE IV.

LES MÊMES, BROGHILL.

BROGHILL, entrant essoufflé, une carabine à la main.

Haow! j'annonçais une bonne nouvelle à vo... Les braves régiments de l'Angleterre ils n'étaient plus qu'à un mille d'ici... Vous allez voir nos grenadiers, nos riflemen et nos higlanders.

CASCARET.

Sapristi! la fête sera complète... Les cosaques vont recevoir une pile sterling!...

BROGHILL.

Sterling!... Haow! je comprenais, c'était une pile qui valait beaucoup de guinées... La petite Cascarette, il était si joyeuse, qu'il parlait anglais!

LOMBARD.

Eh bien, mylord, il faut arroser votre bonne nouvelle. Entrons chez Fleurette, elle sera charmée de vous voir, et nous trinquerons tous ensemble à l'Angleterre et à la France!...

BROGHILL.

Haow... yès... je voulais bien trinquer. Entrons.

Lombard, Eloi, Cascaret entrent à la cantine avec Broghill. Au même instant Pharamond reparaît en costume de cuisine, tandis que Dorgères et Biskara arrivent par le fond.

SCÈNE V.

PHARAMOND, CASCARET.

CASCARET, allant à lui.

Eh bien, chasseur! cette marmite?

PHARAMOND.

Ça bout, ça bout... mais ces carottes sont d'un dur... Eh! mais, qu'est-ce que j'ai fait de mon képi?... Ah! sapristi! il est tombé dans le potage... (Il rentre dans la cuisine.)

CASCARET.

Ah! bien, le bouillon aura de l'œil.

SCÈNE VI.

DORGÈRES, BISKARA, PHARAMOND, puis LE BRIGADIER.

BISCARA.

Oui, mon commandant, j'ai ponctuellement transmis les ordres que vous m'aviez fait porter à tous les chefs de corps. Chacun, soyez-en sûr, contribuera de son mieux au digne accueil que nous devons à nos braves alliés les Anglais... Le général sera content.

DORGÈRES.

Bien, Biskara.

PHARAMOND, à lui-même, une énorme écumoire à la main.

J'ai eu beau faire, mon képi y est resté... J'ai failli y laisser encore mon écumoire... Le brigadier sera furieux. (Apercevant Dorgères.) Ah! Dorgères!... (Il veut s'esquiver.)

DORGÈRES.

Eh bien! eh bien, Pharamond! comment! je te fais fuir?

PHARAMOND.

Commandant... oui... non... certainement... c'est le costume...

DORGÈRES, lui serrant la main.

Va, va, je sais ce que c'est... Tu as eu le bon esprit de comprendre que celui qui veut commander un jour doit d'abord se soumettre sans murmure à toutes les exigences du métier.

PHARAMOND.

Oh! pour la ténacité, palsembleu! je suis Breton!... Quant au reste, je ferai de mon mieux... Mais avec cette blouse tachée de graisse, j'avoue que je me trouve un peu dérouté.

Le brigadier paraît à l'entrée de la cuisine.

LE BRIGADIER.

Hé! là-bas!... l'escadron attend sa soupe...

PHARAMOND.

Voilà, brigadier... Pardon, commandant, le brigadier ne plaisante pas, au revoir. (Il rentre précipitamment dans la cuisine.)

BISKARA.

Nom d'une pipe! il n'est pas clampin, tout de même... Il y a en lui l'étoffe d'un crâne troupier.

DORGÈRES.

Oui, j'espère qu'il arrivera... je l'y aiderai même, quoi qu'il en dise.

BISKARA.

Ah! bah! il fera comme nous. Quand nous étions là-bas, arpentant le désert ensemble, sous un ciel de flammes, tirant la langue et pestant tout bas après la fatigue, la soif... Mais, aussitôt que nous apercevions un puits et l'ombrage de quelques palmiers, la misère était oubliée et nous recommencions nos refrains joyeux! (Bruit de tambours au lointain.) Les troupes vont se mettre en marche peur aller au-devant des Anglais. Pardon, commandant!

DORGÈRES.

Oui, va vite à ton poste, Biskara. Je retourne, moi, près du général.

Les soldats se forment par peloton et sortent de divers côtés. Pharamond et le brigadier rentrent.

LE BRIGADIER, sortant de la cuisine.

Ah! cré mille noms, la fichu soupe... impossible d'en avaler une bouchée... Faut dire pourtant que la surprise en liquide était du chenu, et ils sont tombés sur la galette... Finalement, mon gentilhomme, vous avez l'estime de l'escadron.

PHARAMOND.

L'escadron est bien honnête, brigadier...

LE BRIGADIER.

A présent alerte!... en tenue et à cheval.

PHARAMOND.

A cheval... ça me va, brigadier.

On entend battre le pas accéléré dans la coulisse.

SCÈNE VII.

FLEURETTE, CASCARET, BROGHILL. Ils sortent de la cantine.

FLEURETTE.

Les troupes quittent le camp. Cascaret, veille à la cantine, je vais rejoindre les autres cantinières.

BROGHILL.

Et moi j'allais au-devant des matelottes du capitaine Graham, qui vont venir danser le gigue... (A Fleurette.) Haow ! aujourd'hui il faudra verser le gin infiniment beaucoup... Ça regarde moi... je donnerai à vous des guinées.

FLEURETTE.

Milord, on versera en abondance et gratis; mais, pas moyen d'accepter vos guinées, c'est payé.

BROGHILL.

Payé !...

FLEURETTE.

Le général a rétenu pour son compte toutes les cantines.

BROGHILL.

Haow !... j'étais encore distancé... J'aurai mon revanche une autre fois : le France et le Angleterre, ils sont faites pour se entendre.

Bruit de tambour et musique militaire. Le camp se remplit de monde qui salue le général anglais et son état-major de ses acclamations. Le général français va au devant du général anglais. Ils se saluent et se donnent cordialement la main. Les deux états-majors en font autant, puis ils se mêlent. La musique anglaise et française joue tour à tour pendant le défilé. Les bataillons se massent sur le théâtre. Les généraux, les officiers, les soldats se mêlent et fraternisent : après cette fraternisation, des vivandières portant le costume des divers corps auxquels elles appartiennent viennent danser. Danse militaire toute au comique. Gigue anglaise. Pas de matelots, etc., etc. Lorsque cette danse est terminée, sur un roulement de tambours les troupes reprennent leur position. Le maréchal et les généraux rentrent.

LE MARÉCHAL.

Soldats, nous allons nous mettre en marche : prouvons au monde qui a les yeux fixés sur nous, que lorsque l'Angleterre et la France veulent, il n'y a plus qu'à obéir ! Vive la Turquie ! (Les troupes défilent.)

Neuvième et Dixième Tableau.

LE SONGE. — LA CIVILISATION.

Un salon dans le château en Bulgarie. — Au fond un portrait en pied de Pierre le Grand suspendu à la muraille à côté d'un lit de repos. Deux portes latérales, ameublement élégant et confortable. Au lever du rideau entrent Oghileff et quelques officiers russes.

SCÈNE PREMIÈRE.

OGHILEFF, OFFICIERS RUSSES.

OGHILEFF.

Il est impossible de le nier, messieurs, nous avons subi quelques pertes... les assauts acharnés que nous avons donnés successivement à Silistrie ont été repoussés par les Turcs... mais nous avons encore sur pied des masses formidables, et le triomphe finira par couronner notre persévérance. (Bruit de tambours.) Voici le général.

SCÈNE II.

LES MÊMES, BROMINE.

BROMINE.

Je vous salue, messieurs, cette habitation où j'ai installé mon quartier général est maintenant un peu exposée... mais je m'y trouve si bien que je ne veux pas encore la quitter... Quelques mesures de sûreté suffiront... j'ai désigné l'emplacement de nouveaux postes. Rendez-vous près du major général... il vous communiquera ce qui vous concerne personnellement. (A Orghileff.) Colonel, une dépêche importante m'est annoncée; donnez des ordres pour qu'on amène immédiatement auprès de moi quiconque demanderait à me voir.

OGHILEFF.

Il suffit, général.

BROMINE.

Messieurs, une sorte de découragement s'est glissé dans nos rangs... Des traîtres, sans doute gagnés par l'ennemi, y font circuler de sinistres prédictions et s'efforcent de glacer la valeur moscovite dans le cœur de nos soldats... Recherchez avec soin les coupables et faites-en bonne justice. Rassurez vos troupes, donnez-leur l'exemple de la confiance. C'est un jeu sérieux que la guerre et les échecs n'y sont pas rares, vous deviez le savoir, mais un instant suffit souvent pour tout réparer! Les troupes anglo-françaises sont en marche... nous aurons bientôt à nous mesurer avec elles, ce n'est pas le cas de se démoraliser. Je compte sur vous et sur votre orgueil national. Allez, messieurs... (Les officiers saluent et sortent.)

SCÈNE III.

BRONIME, seul, puis OGHILEFF et ZÉVANOFF.

L'orgueil!... c'est pourtant celui d'un seul homme qui appelle obstinément ces calamités sur nos armes et qui va porter à sa puissance des coups irréparables peut-être!... Mais cet homme est le czar, et son cœur est de bronze! Ludders, Schilder, Orloff, cent braves officiers, des milliers de soldats sont tombés pour ne plus se relever; Paskevitch, lui-même, l'homme heureux, comme ils l'appellent, a été gravement atteint. Demain, ce sera mon tour peut-être. Eh bien, ces sanglants avertissements ont été méprisés; partout des fautes grossières, partout des combats malheureux, malgré la supériorité du nombre; voilà plus qu'il n'en faut pour dépouiller la Russie de son prestige militaire !... Personne n'aura-t-il donc le courage de faire entendre la vérité au souverain qui s'aveugle !... Et la perte de sa faveur est-elle si terrible que chacun étouffe le cri de sa conscience dans la crainte d'une disgrâce ?... Quant à moi, c'est déjà fait... Je passe pour marcher avec mon siècle, quand ils en sont encore là-bas aux idées du vieux Souwarov !... Allons, je me risquerai pour avertir le czar... tout est préférable d'ailleurs aux dégoûts qui m'abreuvent dans cette désastreuse campagne. (Il se met à écrire.) A Sa Majesté, le czar Nicolas, empereur de toutes les Russies : Sire, permettez à un fidèle sujet de Votre Majesté de lui faire connaître la vérité...

OGHILEFF.

Pardon, général, Son Excellence le prince Zévanoff vient d'arriver de Saint-Pétersbourg, il demande à vous voir.

BROMINE.

Je vais me rendre près de Son Excellence.

OGHILEFF.

Le voici, général. (Zévanoff entre, Oghileff se retire.)

BROMINE.

Prince.

ZÉVANOFF.

Je vous salue, général Bromine. Vous êtes surpris de me voir ici, n'est-il pas vrai ?... Moi, qui quitte si rarement Sa Majesté...

BROMINE.

En effet, prince... et votre présence me fait espérer...

ZÉVANOFF.

Non, général, non. Le czar n'a pas quitté sa capitale ! Il a daigné me conférer ses pleins pouvoirs...

BROMINE.

Je suis prêt à obéir avec respect à tous les ordres de mon souverain.

ZÉVANOFF.

Je vous les ferai connaître plus tard... J'ai besoin d'abord d'être édifié sur ce qui se passe, et sur la conduite de chacun ici... Si j'en juge par les résultats, bien des incapacités sont à briser, bien des coupables à punir.

BROMINE.

Des fautes ont pu être commises sans doute... mais, n'ayant pu vaincre on s'est fait tuer ! Vous ne trouverez dans tous les rangs de l'armée, que valeur et dévouement pour l'empereur... C'est ailleurs, prince Zévanoff, qu'il faut chercher la cause des désastres qui nous ont frappés.

ZÉVANOFF.

Ailleurs !... Que voulez-vous dire, monsieur ?

BROMINE, avec hésitation.

Je veux parler des calculs politiques qui ont amené cette guerre.

ZÉVANOFF, avec hauteur.

Ah ! vous croyez...

BROMINE.

J'en suis si bien persuadé, que, dans cette lettre commencée, j'allais respectueusement exposer cette opinion à la personne sacrée de Sa Majesté, dût son courroux me frapper après.

ZÉVANOFF.

Le courroux du czar ne frappe que les mauvais serviteurs, et vous êtes un brave officier ; mais il n'appartient à vous, général, ni à personne, de scruter la pensée de votre souverain et les mystérieux desseins qui le poussent à cette guerre. Ce qu'il a résolu dans sa sagesse, c'est Dieu lui-même qui l'ordonnait... Voilà ce que vous devez croire, voilà le devoir de tout fidèle sujet du czar... Ne parlons donc plus de cela, et prenez, je vous prie, vos dispositions pour qu'un conseil de guerre soit réuni dans deux heures... J'ai ordre d'y assister... Je vous attendrai dans cette pièce, faites que nul ne puisse y pénétrer.

BROMINE.

Comptez sur moi... Mais, après un si long voyage, je crain que la fatigue...

ZÉVANOFF.

Non, général, c'est inutile... Je suis soldat comme vous... cette chambre et ce canapé sont ce qu'il me faut... A bientôt.

(Bromine s'incline et sort.)

SCÈNE IV.

ZÉVANOFF, seul.

Il a dit la vérité... On peut mentir pour flatter le czar... non pour le désoler... Mais d'où viennent ces revers ? Pourquoi cette impuissance d'une formidable armée ? Est-ce inhabileté ?... trahison ?... lâcheté ?... Non... Généraux, soldats combattent avec dévouement, tombent et meurent avec courage !... Quelle est donc alors cette résistance invincible contre laquelle se brisent tous nos efforts... Ah ! le doute assiége mon esprit ! (Regardant le portrait de Pierre le Grand.) C'est faiblesse, n'est-il pas vrai ?... Réponds ! héros de Pultawa, vainqueur de Charles XII !... Toi qui as ouvert et tracé de ta main victorieuse cette route, qui doit conduire les czars à l'empire du monde !... (Il se promène sombre et pensif, puis tombe sur un canapé.) Ah ! la fatigue m'accable... un sommeil de plomb semble peser sur moi... Si puissant qu'on soit, il faut payer son tribut aux faiblesses de l'humanité... (Se tournant vers le portrait.) Pierre !... Pierre le Grand ! fondateur de la puissance moscovite, protége-la... veille sur tes enfants ! Soutiens ceux qui suivent, comme un mot d'ordre sacré, ce testament que tu as laissé... (Il s'endort progressivement.) Il faut que le czar marche, n'est-ce pas? qu'il accomplisse tes désirs, et Constantinople tombera!... (A ce moment des nuages voilent le portrait de Pierre le Grand, une étoile lumineuse brille, grandit progressivement et laisse apercevoir une femme. Zévanoff, s'agitant sur sa couche.) Qui es-tu donc, toi qui oses prendre la place de Pierre le Grand?

LA FEMME.

Je suis fille des cieux et maîtresse du monde! Toute nation qui me combat disparaît comme l'image du czar... Pierre vient de s'effacer devant moi!

ZÉVANOFF.

Ta présence me fait souffrir... Retire-toi... retire-toi!...

LA FEMME.

Je n'obéis pas à tes ordres, c'est à toi de subir les miens... C'est moi qui vous étreints dans un cercle de fer, de Cronstadt à Sébastopol; c'est contre moi que se brisent les armes de vos innombrables soldats. Les princes inspirés de Dieu, et qui veulent être vraiment grands, me connaissent. Ils me font asseoir avec eux sur leur trône. Je suis la Civilisation! Je règne à cette heure en France et en Angleterre... Je dois régner sur le monde! Malheur au czar, s'il ne quitte pas la voie fatale où il s'est engagé. Qu'il me suive, s'il veut que la Russie garde une place parmi les nations vivantes!

ZÉVANOFF.

Te suivre!... Non... non... Des armes! des soldats!

LA FEMME.

Tu veux que les batailles décident? Eh bien, tu va voir dans ton sommeil le châtiment que Dieu réserve aux oppresseurs! Un nuage couvre la décoration. Au changement on voit le camp d'Omer Pacha.

Onzième Tableau.

OMER-PACHA.

Une position avancée des Turcs avant l'arrivée des Français. Soldats Turcs partie sous les armes, partie couché çà et là... Chevaux au piquet. Canons parqués. Groupes d'officiers causant. Patrouilles rentrant et sortant: il fait nuit.

SCENE PREMIERE.

LE GÉNÉRAL IBRAHIM, UN COLONEL, UNE SENTINELLE, DIVERS OFFICIERS.

LA SENTINELLE.

Qui vive?

LE COLONEL.

Ronde supérieure.

LA SENTINELLE.

Avance au mot de ralliement.

LE COLONEL, après avoir donné le mot d'ordre, s'approche du général Ibrahim.

Tout va bien, général.

IBRAHIM.

Allons, messieurs, les instants de repos sont rares, imitons ces braves gens qui dorment en attendant l'heure du combat. Vous, colonel, qui êtes de garde cette nuit, vous veillerez sur nous.

LE COLONEL.

Général, soyez tranquille.

IBRAHIM.

Je ferai moi-même la reconnaissance du point du jour... Bonne garde, colonel. (Le général s'enveloppe dans son manteau et se couche sur l'affût d'un canon. — On entend dans la coulisse :) Qui vive!...(On répond :) Ronde d'officier supérieur.

LA SENTINELLE.

Avance qui à l'ordre?

SCÈNE II.

LE GÉNÉRAL OMER-PACHA, DORGÈRES, LE COLONEL, QUELQUES OFFICIERS. Un piquet d'escorte; ils entrent à cheval; les Officiers encore debout.

LE COLONEL.

Le général Omer-Pacha!

(On se met sous les armes.)

IBRAHIM.

Salut au général en chef!

OMER-PACHA.

Salut, général Ibrahim! Vos postes sont bien établis, et on se garde avec soin. Je suis content, et pour vous récompenser, je vous apporte de bonnes nouvelles... Les troupes de terre de nos alliés s'avancent à marche forcée, et aussitôt réunies, nous allons délivrer les héroïques défenseurs de Silistrie, et refouler dans son lit ce torrent dévastateur qui voulait nous engloutir pour déborder sur le monde. Votre rôle est grand à cette heure, soldats ottomans!... Aussi, quand, repassant le Danube, vous vous retrouverez au milieu de ces populations que les Russes viennent d'accabler si cruellement, soyez humains, généreux... Montrez-leur bien que ce n'est pas nous qui sommes les barbares!

TOUS.

Vive Omer-Pacha!

OMER-PACHA.

Allez maintenant à vos postes, messieurs. (Ils se retirent et se groupent dans le fond ; à Dorgères.) Commandant Dorgères, êtes-vous content de nos troupes?

DORGÈRES.

Elles sont dignes, général, d'être commandées par un chef tel que vous...

OMER-PACHA.

J'espère qu'elles le seront aussi de combattre à côté de vos soldats.

SCENE III.

Les Mêmes, UN OFFICIER, qui a parlé d'abord bas au général Ibrahim et s'avance vers Omer-Pacha.

OMER-PACHA.

Qu'y a-t-il?

L'OFFICIER.

Général, un homme que son cheval emportait est venu se jeter dans nos grand'gardes... on a abattu le cheval d'un coup de feu... on a arrêté le cavalier... En le fouillant on trouvé sur lui cette dépêche.

OMER-PACHA.

Donnez... (Il lit.) Vous devez tout savoir, commandant Dorgères... Écoutez ceci... Par ordre du maréchal Paskéwitch, le général Bromine au général Engelhard... « Omer-Pacha vient de prendre l'offensive... Le général Schilder l'enveloppe par la gauche; je vais l'attaquer de front avec toutes mes forces... Vous, général, portez-vous sur la route de Karassou pour lui couper la retraite, le général en chef ottoman ne doit point nous échapper!...

» *Signé* : Bromine. »

Voyez, commandant. (Il lui passe la lettre.) Est-ce un plan réel?... est-ce un piége pour me faire reculer et abandonner Silistrie à son sort?

DORGÈRES.

Il faut interroger le porteur de cette lettre?

OMER-PACHA.

Où est cet homme? qu'on l'amène...

DORGÈRES.

Si les Russes ont résolu un tel mouvement, il faut sans retard attirer à vous votre première ligne.

OMER-PACHA.

Mais il s'ensuivrait infailliblement une bataille, et j'ai, vous le savez, ordre de les éviter jusqu'à l'arrivée de vos troupes.

LE COLONEL.

Général, voici le prisonnier.

OMER-PACHA.

Otez-lui son bandeau... Tu es devant le général en chef... Dis la vérité, ou tu es mort... Qui es-tu?

MICHEL.

Michel Clodsko.

OMER-PACHA.

Tu sers chez les Russes?

MICHEL.

Oui, et non...

OMER-PACHA.

Sois plus clair dans tes réponses... Que veux-tu dire?

MICHEL.

Je suis chez les Russes, mais je ne les sers pas. La violence, le knout et les Cosaques m'ont fait soldat russe.

OMER-PACHA.

Tu ne les aimes donc pas? Alors, parle franchement. Qui t'a remis cette dépêche?...

MICHEL.

Le général Bromine.

OMER-PACHA.

A qui devais-tu la porter?

MICHEL.

Au général Engelhard.

OMER-PACHA.

Et comment es-tu venu te jeter dans mes troupes, pour te faire prendre, toi et ta dépêche?

MIGHEL.

Je me suis égaré, mon cheval s'est emporté.

OMER-PACHA.

N'est-ce pas une trahison contre moi, dont tu serais l'instrument?

MICHEL.

Non. Écoutez, général, cette lettre dont j'ignore le contenu, est bien réellement destinée au général Engelhard, voilà ce que je puis vous affirmer, et si elle est dans vos mains, c'est Dieu sans doute qui vous l'envoie... On a parfois des amis que l'on ne connaît pas.

OMER-PACHA.

Des amis... oui, nous devons en avoir dans tous ceux qu'opprime la tyrannie du czar!... Mais son or fait souvent aussi des traîtres de ses esclaves... Gardez cet homme... Faux ou vrai, il faut vérifier cet avis. — Colonel Sélim, prenez quelques cavaliers, en les échelonnant sur la route de Silistrie, galopez jusqu'à toucher l'ennemi, et repliez-vous rapidement s'il est en marche. Commandant Dorgères, faites la même chose sur notre gauche, où le général Schiller doit se trouver déjà, si ce plan est véritable. (Dorgères, Selim et leurs cavaliers sortent au galop. — Aux autres officiers.) Général Ibrahim, si vous avez quelques blessés, quelques malades, évacuez-les d'abord. Veillez à ce que les attelages des pièces et des prolonges soient doublés. Saisissez tous les chevaux dont vous aurez besoin, même ceux des officiers. Nous marcherons tous à pied, s'il est nécessaire. Relevez les postes, faites rentrer les patrouilles, à tout événement, concentrez dès à présent tout votre monde! (Les troupes turques se forment en silence. On attèle les pièces, on les voiture, etc., etc. — A Michel.) Arrive ici... tu n'aimes pas les Russes, dis-tu?... si tu m'as dit la vérité, et je vais le savoir, je te garde près de moi et ne t'oublierai pas...

MICHEL.

Si je vous ai rendu service, général, vous me laisserez la liberté. Voilà tout ce que je vous demande.

OMER-PACHA.

Qu'en feras-tu?

MICHEL.

Je retournerai auprès des Russes.

OMER-PACHA.

Mais ils te fusilleront.

MICHEL.

Que voulez-vous?... un peu plus tôt, un peu plus tard, c'est probablement ce qui m'attend.

SCÈNE IV.

LES MÊMES, DORGÈRES, revenant au galop.)

DORGÈRES.

Tout doit être vrai. Les Russes sont tout près d'ici, et ils appuient vers leur droite pour vous envelopper.

OMER-PACHA.

En marche, donc, général... mettez votre colonne en mouvement. (A Michel.) Te voilà libre, maintenant; mais tu ne le seras pas longtemps, si tu attends les Russes.

MICHEL.

C'est mon affaire. Seulement, faites-moi garrotter et attacher à cet arbre.

OMER-PACHA.

Qu'il soit fait selon ta volonté. Et laissez-le à la garde de Dieu... En marche.

On attache Michel tous les Turcs sortent en silence.

SCÈNE V.

MICHEL, *seul.*

Il a raison, les Russes me fusilleront sans nul doute demain, sinon aujourd'hui, et ils n'auront pas tort cette fois... C'est un vilain métier que je fais... trahir, même des Russes!... je n'aime pas cela... Mais Juaniska le veut, et Juaniska ne peut mal faire! (*Écoutant.*) J'entends du bruit... on marche... ce sont les Russes.

SCÈNE VI.

OGHILEFF, UN SOLDAT, MICHEL, BROMINE, JUANISKA, WOLSKI.

Des soldats russes entrent avec précaution et craiute. Un officier les dirige. Ils fouillent successivement tout le terrain.

OGHILEFF.

Personne ici.

UN SOLDAT, *apercevant Michel.*

Voici quelqu'un!

OGHILEFF.

Que fais-tu là?

MICHEL.

Vous le voyez!

OGHILEFF.

Ce sont les Turcs qui t'ont attaché là?

MICHEL.

Oui.

OGHILEFF.

Où sont-ils?

MICHEL.

En fuite.

OGHILEFF.

Ah!

Les Russes ont continué d'envahir la position. Le général Bromine et Juaniska habillée toujours en homme sont arrivés.

BROMINE.

Le coup est manqué... Lancez vos Cosaques sur la route de Silistrie, qu'on sache où se trouve l'ennemi. (*On détache Michel.*)

OGHILEFF.

Général, l'ennemi est en fuite. Voici un homme que nous avons trouvé garrotté là à cet arbre, et qui pourra donner des enseignements. (*On amène Michel.*)

BROMINE.

Avance ici... (*Le reconnaissant.*) C'est toi, misérable, comment te trouves-tu là?

MICHEL.

J'ai rencontré sur mon chemin des patrouilles turques: elles ont tiré sur moi. Mon cheval a été tué, et on m'a fait prisonnier.

BROMINE.

Et on s'est emparé de la dépêche que tu portais. Voilà donc pourquoi nous ne trouvons plus personne ici. Ah! je me payerai sur ton dos de la fuite des Turcs.

MICHEL.

Je ne m'y oppose pas, général.

BROMINE.

Un officier!... (Il trace quelques mots au crayon. — Au général Angelhard.) Partez, annoncez au général la fuite des Turcs, et que nous occupons la position qu'ils ont quittée. — Ecoutez, Oghileff, nous nous maintiendrons ici jusqu'à nouvel ordre, puisque nous y sommes. Organisez vos postes. (A un officier, lui désignant Michel.) Cinquante coups de fouet à cet homme. (Ils sortent en causant. Mouvement des Russes pour s'établir militairement.)

JUANISKA, à Michel.

Michel...

MICHEL.

Silence!... accomplissez votre mission, Juaniska... (A l'officier.) Marchons... (On emmène Michel.)

WOLSKI, sortant des rangs et à voix basse à Juaniska.

Stanislas, vous vous êtes fait le vil complaisant d'un général russe, honte à vous!

JUANISKA, froidement.

Rentrez à votre rang, monsieur, et laissez-moi. (A part.) O patrie!.. (Elle reste absorbée.)

SCÈNE VII.

LES MÊMES, L'OFFICIER RUSSE revenant au galop.

OGHILEFF.

— Général, aux armes! Le corps du général Engelhard vient d'être culbuté, et l'ennemi est tombé sur nous comme la foudre... C'est l'avant-garde des Français...

JUANISKA, à part.

Enfin!...

BROMINE.

Messieurs, mourons, s'il le faut; mais ne reculons pas.

Les Russes se forment en peloton et se portent en avant. Juaniska est à cheval auprès de Bromine. On entend quelques coups de feu dans la coulisse. Les pelotons Russes reculent en tirant. Les zouaves entrent au pas de course; ils enveloppent les Russes en passant rapidement par le fond du théâtre. Juaniska blessée tombe dans les bras de Michel. Une partie des Russes est faite prisonnière. Michel, Juaniska et Bromine sont au nombre des prisonniers. Les autres s'enfuient. Les clairons des zouaves sonnent la charge. Ils s'élancent de nouveau pour marcher en avant, tandis que d'autres soldats entraînent les prisonniers et Juaniska blessée.

Douzième Tableau.

LA CANTINE.

L'intérieur d'une barraque qui sert de cantine à Fleurette. Elle est construite avec des nattes disposées d'une manière pittoresque. Tables et bans grossiers. Une natte masque comme un rideau l'entrée d'une autre pièce. On entend battre le réveil et sonner la diane dans la coulisse.

SCÈNE PREMIÈRE.

LOMBARD, CASCARET.

LOMBARD, venant du dehors.

Allons, voyons! à la boutique!... Entendez-vous la diane?.. Est-ce qu'il n'y a encore personne de levé ici?...

CASCARET, couché dans un coin sur une natte, se levant et bâillant.

Voilà!... voilà... J'en étais sûr... c'est Lombard. En voilà un qui a toujours soif de bonne heure!...

LOMBARD.

Comme tu dis, gamin. Et puis je tiens à être le premier qui étrenne la cantine de ta sœur... il y a toujours tant de pratiques ici!...

CASCARET.

Tiens! tu te plains de ça, toi?

LOMBARD.

Non... mais c'est embêtant, Fleurette ne sait à qui entendre.

CASCARET.

Je crois bien... J'ai la bosse du commerce, et Fleurette est si gentille!

LOMBARD.

Oui, trop gentille... (Brusquement.) Allons, cette goutte, vivement!...

CASCARET, lui versant.

Voilà...

LOMBARD.

Hum!

Il avale son verre d'un trait et le pose sur la table avec humeur.

CASCARET.

Est-ce que, par hasard, mon cognac ne serait plus du goût de monsieur?

LOMBARD, brusquement.

J'ai avalé de travers.

CASCARET.

Alors ça ne compte pas... il faut redoubler.

LOMBARD, de même.

Redoublons.

Il en avale la moitié et rejette le reste.

CASCARET, scandalisé.

Excusez!... Je t'en ficherai de la marchandise comme ça pour la perdre!...

LOMBARD.

Laisse-moi tranquille avec ton trois-six. Quand ça n'est pas Fleurette qui me verse, ça ne passe pas. (Avec humeur.) Pourquoi qu'elle n'est pas à son service, au fait? ous qu'elle est?

CASCARET.

Faut-il pas qu'elle repose à son tour? elle a passé la nuit, comme une bonne fille, auprès de ce petit Russe blessé! Il paraît qu'il va bien mieux, ce matin, elle s'est endormie de fatigue.

LOMBARD.

C'te bêtise de s'échigner comme ça pour un Russe!... Est-ce qu'elle ne pouvait pas l'envoyer à l'ambulance?...

CASCARET.

Il s'est trouvé mal au moment où les prisonniers passaient devant la cantine, et Fleurette en le voyant si jeune s'est tout de suite intéressée à lui... c'est bien naturel.

LOMBARD.

Oh! naturel!... Dis donc que la frimousse de ce galopin lui a donné dans l'œil. Voilà bien les femmes!...

CASCARET, fâché.

Ah! mais, Lombard!...

LOMBARD.

Après ça, je m'en fiche pas mal!... Eh bien, non, je ne m'en fiche pas... à cause d'Éloi, parce qu'Éloi est mon ami, à présent... C'est elle-même qui l'a voulu, et quand une fois j'aime les gens, c'est bon teint, vois-tu?... Je dirai à Éloi de veiller au grain.

CASCARET.

Avise-toi de faire des cancans sur ma sœur, et tu verras!

LOMBARD.

Si c'est des cancans, tant mieux! on verra bien...

SCÈNE II.

LES MÊMES, PHARAMOND, LE BRIGADIER.

PHARAMOND, à l'entrée.

Passez donc, brigadier.

LE BRIGADIER.

Après vous, mon gentilhomme... Honneur à celui qui paye!

PHARAMOND.

Ah! c'est moi qui...

LE BRIGADIER.

Je vous ai invité... vous préférez me faire une politesse, votre supérieur s'y résigne.

PHARAMOND.

Brigadier, je suis bien sensible...

LE BRIGADIER.

Vous êtes sensible!... Je m'en doutais alors... j'accepterai deux tournées. Hé! là-bas, Cascaret!... Du mêlé d'abord et du dur ensuite!...

CASCARET.

On y va. (A Lombard.) C'est égal, tu me le payeras.

LE BRIGADIER.

Qu'est-ce qu'il y a donc?... On se fâche, moucheron?...

CASCARET, montrant Lombard.

C'est lui qui se permet de dire des horreurs de Fleurette.

PHARAMOND, avec feu.

Fleurette!... la perle des cantinières?... Palsembleu! je me proclame d'avance son défenseur, et je déclare ici mécréant et félon quiconque ose proférer une parole mal sonnante à l'endroit de cette rose des camps!...

LOMBARD, à part.

Allons, bon, encore un.... (Haut.) Vous, mêlez-vous de vos affaires, ou sinon...

PHARAMOND.

Palsembleu! je ne m'en dédis pas, mon cher, et je suis prêt à vous répéter...

LE BRIGADIER.

Bellement, monsieur le marquis, soyons calme! ne dévorons point ce fantassin avant qu'il puisse s'expliquer. Cascaret, un verre de plus pour monsieur, et avalons la douleur... on verra après...

LOMBARD.

J'accepte, mais...

LE BRIGADIER.

A nos santés!...

Cascaret a versé à chacun. Le brigadier et Lombard boivent sans sourciller. Pharamond fait une grimace horrible.

PHARAMOND.

Pouah!... que c'est mauvais!...

LE BRIGADIER, riant.

Farceur, qui éternue pour du mêlé!... Passons au verre de dur pour nous rincer la bouche.

PHARAMOND, à part.

Il faut pourtant que je m'y fasse!... (Même jeu.) Brrr!... c'est atroce!... Ces gens-là ont donc du macadam dans le gosier?...

LE BRIGADIER.

Maintenant que nous voilà gargarisés, revenons au sujet de la romance. Fantassin, qu'est-ce qu'il y a sur le compte de la cantinière?

LOMBARD.

Il y a que c'est une coquette, et comme Éloi, qui doit l'épouser, est mon ami, je veux...

CASCARET.

Des méchancetés... Parce qu'elle s'est dévouée à soigner le prisonnier russe qui est blessé, cet animal prétend...

PHARAMOND.

Un Russe!... C'est impossible... Fleurette a trop de goût... j'en suis sûr!... Et quand des cavaliers français qui ne manquent ni de distinction ni de charme sont prêts à toutes sortes de sacrifices pour elle...

CASCARET.

Ma sœur est sage, que je vous dis... elle n'aime qu'Éloi, et elle se moque pas mal des Russes, aussi bien que des cavaliers français qui voudraient lui faire la cour.

PHARAMOND, à part avec fatuité.

Peut-être... Je suis là, moi... et, ma foi, tant pis pour Éloi.

LOMBARD.

En voilà assez là-dessus, je garde mon opinion, et je sais ce que j'ai à faire.

PHARAMOND.

Et moi, je vous déclare, mon cher...

CASCARET.

Taisez-vous, voilà ma sœur... Ça serait du beau si elle savait...

LOMBARD, se calmant.

On se tait...

SCÈNE III.

LES MÊMES, FLEURETTE, elle soulève la natte et sort de l'autre pièce.

FLEURETTE.

Comme vous criez, messieurs!... Vous ne savez donc pas qu'il y a là un malade?

LOMBARD, avec humeur.

Si, si, mam'selle, on le sait.

FLEURETTE.

Eh bien, alors, ne faites donc pas tant de bruit... et même, si vous voulez être bien gentils, vous vous en irez.

LOMBARD.

Comment, vous nous renvoyez? (A part.) C'est ça, pour être seule avec le Cosaque... Ah! mille noms d'un nom! c'est trop fort!

FLEURETTE.

Cascaret, tu serviras ces messieurs et les autres pratiques qui viendront dehors. Lombard, voulez-vous aider bien doucement mon frère à y porter ces bancs et cette table?

LOMBARD.

Moi?... Vous voulez encore que je...

FLEURETTE.

Je vous en prie.

LOMBARD.

C'est bon... On y va... (A Cascaret, qui essaye maladroitement de se charger de la table et des bancs.) Allons, ôte-toi de là, moutard... C'est trop lourd pour toi... laisse-moi me charger tout le bataclan sur le dos, puisque c'est son caprice.

Il mets les bancs sur la table et charge le tout sur son dos.

LE BRIGADIER.

Attendez qu'on vous donne un coup de main, fantassin.

LOMBARD, sortant avec son fardeau.

C'est inutile... (A part.) J'ai peut-être tort, mais j'avertirai tout de même Éloi.

PHARAMOND, à part.

Laissons-les partir... Palsembleu! je ne m'en irai pas, l'occasion est trop belle pour risquer ma déclaration... Cachons-nous quelque part.

Il se cache derrière un accident de la décoration.

LE BRIGADIER, à Fleurette.

Au revoir, mon ange!... Demi-tour à gauche, monsieur le marquis... Tiens, il a filé... le malin aura voulu couper insidieusement au fourrage!... Minute, je connais les couleurs, et je vais le repincer au demi-cercle.

Lombard et Cascaret sont sortis. Le brigadier sort à son tour.

SCÈNE IV.

FLEURETTE, PHARAMOND caché, puis JUANISKA.

FLEURETTE, à elle-même.

Une femme! Voilà donc pourquoi elle refusait tous les soins et semblait n'accepter les miens qu'avec répugnance... Qui a pu la décider à braver les périls des batailles sous ces habits?... L'amour, sans doute. N'est-ce pas pour me rapprocher d'Éloi que moi-même... Oh! cette similitude la rend pour moi plus intéressante encore, et malgré la guerre qui divise nos deux nations, je me sens disposée à l'aimer.

PHARAMOND, à lui-même.

Plus personne!... Je crois que je peux me risquer. (Pharamond sort à demi de sa cachette pendant que Fleurette s'approche de l'entrée de l'autre pièce. Au moment où elle lève la natte qui la ferme, on aperçoit Juaniska debout sur le seuil.) Voyons si elle dort encore... (Fleurette pousse un cri.) Ah!...

PHARAMOND.

Fichtre!... Le malade qui est debout. (Il se blottit derrière un tonneau.)

FLEURETTE.

Ah! vous m'avez fait peur.

PHARAMOND.

Palsembleu, serait-il vrai que ce jeune Moscovite... Écoutons.

FLEURETTE.

Est-ce que vous avez besoin de quelque chose?...

JUANISKA.

Merci, je ne souffre plus, je vais rejoindre mon général.

FLEURETTE.

Déjà!... Mais cette blessure?

JUANISKA.

Cette blessure est peu de chose... Je rougis d'avoir cédé un instant à la légère douleur qu'elle me cause. Encore une fois, laissez-moi partir... ma place est auprès de mon général.

FLEURETTE, naïvement.

Vous l'aimez donc bien?

JUANISKA, avec une expression de dédain.

Lui!... (Se calmant.) N'est-ce pas le devoir d'un soldat?... Mais, pourquoi me faites-vous cette question?...

FLEURETTE.

Parce que tant de courage et de dévouement me touche jusqu'aux larmes. Fasse le ciel que ses sentiments répondent aux vôtres!... Ah! je frissonne en pensant que si, quelque jour, il vous abandonnait...

JUANISKA, avec explosion.

Malheur!... Vous avez surpris mon secret!... Au nom de tout ce qui vous est cher, jeune fille, jurez-moi que vous ne dévoilerez jamais!...

PHARAMOND, à part.

Une femme!... Je disais aussi, ce jeune drôle est trop beau pour un Cosaque!...

FLEURETTE.

Calmez-vous... Je jure de ne pas vous trahir. Mais, dites-moi...

JUANISKA.

Rien... je ne puis rien vous dire.

FLEURETTE, *souriant.*

Oh! j'ai deviné. Allez, je prierai Dieu, du fond du cœur pour que celui qui vous inspire cet amour en reste digne.

JUANISKA.

Oui, priez Dieu pour moi, jeune fille... mais ne lui parlez pas d'amour... car il n'y a pas de place pour cette passion dans mon âme!... Un instant, j'ai entrevu, comme une céleste lueur, le bonheur qu'il y aurait d'être aimée... mais ce songe a dû s'effacer de mon cœur, où fermentent trop d'amères et sombres pensées...

FLEURETTE.

Oh! je vous plains alors... Mais qui vous force ?...

JUANISKA.

Ne m'interrogez pas. C'est un secret terrible qui doit mourir dans mon sein... A vous les riantes pensées de votre âge, et que mon fardeau soit pour moi seule... Merci du secret que vous me promettez... Que mon général surtout ignore...

FLEURETTE.

Quoi ! lui-même...

JUANISKA.

C'est un cruel contre-temps que celui qui nous a fait tomber tous deux au pouvoir de nos vainqueurs. Ah ! si vous désirez que la sainte cause de la justice triomphe bientôt, si le succès de vos braves soldats eux-mêmes vous est cher, croyez-moi, faites en secret des vœux ardents pour que la liberté nous soit rendue... Adieu, soyez heureuse !

FLEURETTE, *attendrie.*

Adieu, puisque vous le voulez... Mais permettez au moins que je vous embrasse.

Elle se jette dans les bras de Juaniska et l'embrasse. A ce moment paraît Eloi que conduit Lombard. Ils restent tous deux stupéfaits à cette vue.

SCÈNE V.

LES MÊMES, LOMBARD, ÉLOI.

LOMBARD.

Eh bien! tu vois si je te mentais !... J'espère que ça te crève les yeux... et avec un Cosaque encore ! c'est le plus humiliant.

ÉLOI, *tristement.*

Fleurette... je ne voulais pas le croire; si vous ne m'aimiez plus, si vous m'en préfériez un autre, il fallait au moins avoir la franchise de me le dire.

FLEURETTE.

Éloi !

ÉLOI.

Ça m'aurait fait bien du chagrin, et j'en serais mort peut-être... mais je n'aurais pas été forcé de vous mépriser.

FLEURETTE, indignée.

Me mépriser !... Oh ! Éloi !...

LOMBARD.

Si vous croyez qu'il va réclamer pour vous une couronne de rosière !...

FLEURETTE.

Lui !... me croire coupable !... Ah ! c'est affreux !... (Elle pleure.)

JUANISKA.

Qu'y a-t-il donc ? Pourquoi faites-vous pleurer cette jeune fille, messieurs ?

LOMBARD.

Voilà le baskir qui nous interroge !... Ah ! par exemple, c'est trop de toupe !

ÉLOI, voulant emmener Lombard.

Viens, Lombard... laissons-les.

LOMBARD.

Non. Faut que le Cosaque paye pour tous deux... Laisse-moi, que je le casse !

Il s'avance furieux sur Juaniska. Pharamond sort tout à coup de sa cachette et se place devant Juaniska.

PHARAMOND.

Palsembleu ! c'est ce que nous verrons, brutal...

LOMBARD.

D'oùs qu'il tombe à présent celui-là !... Mais je m'en fiche... Démasquez le Cosaque, ou je carambole !

PHARAMOND.

J'y consens... Regardez... mais, palsembleu ! n'y touchez pas ! (Prenant Juaniska par la main.) Un Cosaque... un Baskir !... imbécile, en avez-vous vu souvent avec des yeux comme ceux-là !... Regardez donc cette taille... examinez ces jolis pieds... ces petites mains... (Criant.) C'est une femme, animal ! c'est une femme, butor !

JUANISKA, avec reproche, à Fleurette.

Ah ! Fleurette ! trahie par vous !

PHARAMOND.

Non, ma belle étrangère ! Fleurette n'a pas dit un mot... Mais, caché là... j'ai tout entendu.

Pendant cette scène Dorgères est entré, il s'est arrêté au fond et a écouté.

JUANISKA, allant à Fleurette.

Eh quoi? (Apercevant Dorgères.) Ciel!... lui!...

DORGÈRES, s'approchant de Juaniska.

Juaniska!... Ah! cette ressemblance qui m'avait frappée en vous voyant hier n'était donc pas une illusion? Vous? c'est vous!...

JUANISKA, à part.

Que dire?... que faire?...

DORGÈRES.

Oh! apprenez-moi, comment et pourquoi je vous retrouve sous ce costume et à la suite du général Bromine?

LOMBARD, à Pharamond et à Éloi.

Tiens, le commandant qui connaît la petite Russe...

DORGÈRES.

Vous ne répondez pas? Oh! parlez?... de grâce... je vous en prie!...

JUANISKA, à part.

Du courage! du courage! (Haut.) Mon frère était désigné pour faire partie du dernier contingent... Faible et malade, je l'avais éloigné... Et, pour ne pas exposer les jours de celui qui nous avait tenu lieu de père, et qu'on voulait entraîner à sa place, je me suis dévouée.

DORGÈRES.

Eh bien, béni soit le hasard qui va me permettre de m'acquitter envers vous! Juaniska, vous disiez vrai lorsque, après m'avoir arraché à une mort certaine... je me plaignais d'être obligé de m'éloigner de vous! Si la main de Dieu rapproche ceux qui ne se connaissent pas, elle peut réunir ceux qu'elle sépare! Je viens de recevoir l'ordre de diriger le général Bromine et les prisonniers russes sur Varna. Ils vont se mettre en route à l'instant... Mais, vous ne partirez pas, vous... car, je vais faire connaître au général français ce que je vous dois... et je suis certain...

JUANISKA.

Non, commandant, non... Je n'accepte pas... je ne veux pas...

DORGÈRES.

Que dites-vous?

JUANISKA.

Tel est mon désir; et j'ose espérer qu'en souvenir de ce que Dieu m'a permis de faire pour vous, vous n'hésiterez pas à me laisser partir avec le général Bromine. (On aperçoit au fond le général Bromine et les prisonniers russes, que des soldats escortent.) Le seul protecteur que je veuille, le voilà!...

DORGÈRES.

Eh quoi?...

JUANISKA.

Pas une question... pas un mot de plus... Adieu...

Elle se mêle aux prisonniers.

DORGÈRES.

Mon espoir était un rêve! Juaniska... il ne me reste plus qu'à oublier.

PHARAMOND.

La petite est toquée pour le Moscovite, c'est clair!... Mais, je fais partie de l'escorte, palsembleu! la Russie va compter une veuve de plus!

Bruit de trompettes. Les soldats s'éloignent. Les prisonniers se mettent en marche. Dorgères jette un dernier regard à Juaniska, et s'éloigne du côté opposé.

Treizième Tableau.

UN DÉFILÉ.

Un défilé marécageux. Roches à droite, chemin creux à gauche.—Au lever du rideau l'avant-garde d'un convoi entre en scène.

SCÈNE PREMIÈRE.

LOMBARD, ÉLOI, UN OFFICIER DE CHASSEURS A PIED, CHASSEURS DE LA MÊME ARME.

L'OFFICIER.

Pas si vite... laissons un peu regagner le convoi.

LOMBARD.

Mille noms! la route n'est pas facile; ça manque totalement de macadam et de trottoirs... mais, en revanche, il y a de la boue que c'est une bénédiction...

ÉLOI.

Les voitures auront du mal à s'en tirer : heureusement que le fourgon de Fleurette n'est pas lourd.

LOMBARD.

Non; c'est gentil et ficelé comme elle. Les rafraîchissements sont en sûreté.

ÉLOI.

C'est égal, il y a de vilains passages tout de même, et si ce n'est pour elle, c'est pour les voitures de munitions et les malades que ça m'inquiète.

LOMBARD.

Bah! les troupiers donneront un coup d'épaule, il faudra

bien que ça roule. L'on a franchi d'autres mauvais pas autrefois; ça regarde l'escorte. Nous qui sommes d'avant-garde, nous n'avons qu'à éclairer la route.

ÉLOI.

Oui, et attention, camarades... le pays que nous traversons serait favorable à une surprise... Nous aurions dû fouiller plus avant du côté de ces fondrières que nous avons laissées sur notre gauche... Sais-tu bien que des hommes résolus qui s'embusqueraient là...

LOMBARD.

Allons donc! le convoi est bien accompagné. Il n'y a pas de danger que les Cosaques s'y frottent; et demain, de bonne heure, nous arriverons tous sans accident à Schoumla, où nous serons reçus et choyés comme des petits bijoux.

SCÈNE II.

Les Mêmes, BISKARA.

BISKARA.

Mon officier, le commandant de l'escorte, me charge de vous dire que vous pouvez vous mettre en marche. Vous prendrez position de l'autre côté de ce défilé, pendant que le convoi s'arrêtera afin de laisser les chevaux souffler. Ils en auront fièrement besoin, après avoir traversé le passage difficile où ils se trouvent.

ÉLOI.

Et Fleurette, sergent?

BISKARA.

Je viens de la rencontrer tout près d'ici, fraîche comme une rose, et leste comme un écureuil... sautant de son équipage pour courir de la tête à la queue de la colonne ranimer les éclopés... Soyez tranquille, s'il était possible que quelque danger la menaçât, nous sommes tous là.

ÉLOI.

Merci, sergent.

L'OFFICIER.

Allons, en route, chasseurs!

LOMBARD.

Et ouvrons l'œil; bon voyage, sergent!

BISKARA.

Et vous de même, mes vieux; on se retrouvera demain à Schoumla. (Les chasseurs s'éloignent. Biskara les suit du regard.)

SCÈNE III.

BISKARA, puis PHARAMOND, LE BRIGADIER, Trois Chasseurs d'Afrique, tous à cheval; FLEURETTE, JUANISKA; puis les voitures qui forment la tête du convoi.

BISKARA.

Nom d'une pipe! comme ça joue des filfers!...Voilà des petits soldats qui avaleraient leur étape avant que les Russes aient seulement mis leurs guêtres... C'est de la troupe où je voudrais servir, si je n'avais l'honneur d'être sergent dans les zouaves!... encore des lapins où je ne crois pas qu'on trouve beaucoup d'infirmes. (Regardant du côté où il est venu. — Les hommes qui escortent le convoi entrent en scène.) Ah! voilà déjà les premières voitures qui débouchent par ici, rejoignons mon poste auprès de l'état-major.

Il sort au moment ou l'on voit paraître plusieurs voitures rangées sur une file dans laquelle a pris rang le fourgon de Fleurette: le brigadier et les chasseurs sont en tête.

LE BRIGADIER.

J'ai l'ordre d'arrêter ici la tête du convoi. (Aux chasseurs.) Vous, mes amours, halte! on reste ici pendant une heure; vous avez le droit de la consacrer aux jeux et au ris... si c'est votre idée... mais gare à celui qui s'écarte de son poste! (Il met pied à terre, Pharamond et les cavaliers en font autant. — On forme les faisceaux.)

PHARAMOND.

Palsembleu! les environs n'offrent pas assez de charmes pour qu'il prenne envie à personne d'aller y folâtrer. (A ce moment Fleurette fait descendre Juaniska de la carriole où elle est.)

FLEURETTE.

Appuyez-vous sur moi, ma chère Juaniska... marchez un peu, cela vous fera du bien...

PHARAMOND, à lui-même.

Je ne sais pas si c'est mon horrible courbature qui en est cause, mais oncques ne vis un ciel plus sombre et un pays plus maussade. (Il a pris son lorgnon pour examiner autour de lui, et apercevant Fleurette et Juaniska.) Qu'ai-je dit?... Ah! mesdames, quand j'ai prononcé ces paroles discourtoises, je n'avais pas aperçu les deux radieuses étoiles qui suffisent pour illuminer le triste horizon dont je me plains.

FLEURETTE, riant.

Des étoiles?... où voyez-vous donc des étoiles?

PHARAMOND.

Vous d'abord, séduisante Fleurette... et puis la ravissante prisonnière qui se venge de nos armes en captivant chez nous tous les cœurs...

FLEURETTE, riant.

Ah! c'est trop galant pour moi... Qu'en dites-vous, Juaniska?

JUANISKA.

Moi, rien. Je n'ai pas entendu.

PHARAMOND, piqué.

Alors, c'est au vent que j'ai jeté la poésie qui déborde involontairement à votre aspect dans mes paroles!... Je vais recommencer, belle étrangère, et si votre oreille est un peu dure, puisse au moins votre cœur ne l'être pas!...

SCÈNE IV.

LES MÊMES, UN SOLDAT.

LE SOLDAT, *accourant.*

Alerte, alerte! Fleurette!... Camarades, camarades! vite, un coup de main! ça presse...

FLEURETTE.

Qu'est-ce qu'il y a donc?

LE SOLDAT, *lui montrant le côté où il est venu.*

Regardez!

FLEURETTE, *regardant.*

Une voiture renversée dans le ravin!... Ah! mon Dieu! ce sont des blessés! Brigadier... et vous autres, venez, courons!

LE BRIGADIER.

Pas peur... on y va... on y va!... Chaud, vous autres... aux blessés!... Vous, monsieur le marquis, tâchez d'avoir un peu l'œil sur les chevaux.

PHARAMOND.

Oui, brigadier.

Fleurette s'est éloignée suivie du brigadier et des autres chasseurs.

SCÈNE V.

PHARAMOND, JUANISKA.

PHARAMOND, *à lui-même.*

Ces intéressants animaux se garderont bien eux-mêmes.

JUANISKA, *à part.*

Cet homme pourrait me servir... si j'osais...

PHARAMOND.

Je vais tâcher de profiter de la circonstance. (*S'approchant de Juaniska.*) Permettez-moi, belle étrangère, de reprendre la conversation au point où cet incident est venu l'interrompre, au moment où j'allais mettre à vos pieds tout le dévouement d'un gentilhomme et d'un militaire français, où j'allais enfin vous offrir...

Il chante :

Un cœur pour vous defendre,
Un bras pour vous aimer.

Non, je me trompe... j'ai mis le cœur à la place du bras... mais ça ne fait rien à la chose!

JUANISKA.

Je vous remercie de vos bonnes intentions, et je regrette de ne pouvoir vous répondre comme vous le méritez sans doute, comme je le ferais peut-être, si ma pensée n'était ailleurs.

PHARAMOND.

Essayez toujours, belle étrangère, je tâcherai de vous fixer.

JUANISKA.

Vous parlez de dévouement : eh bien, si j'en réclamais à l'instant une légère preuve, peut-être hésiteriez-vous à me la donner.

PHARAMOND.

Hésiter, palsembleu!... Je suis Breton, bel ange! Autrefois, ce sont des bijoux, des parures que j'aurais entassés à vos genoux... mes moyens ne me permettent plus ce genre de démonstration!... mais j'y substitue mon individu tout entier... Ordonnez, je vous appartiens.

JUANISKA.

Eh bien, vous savez que j'ai été faite prisonnière avec un général, mon compatriote. Il fait partie du convoi; mais la découverte de mon sexe m'a forcée d'accepter la voiture de Fleurette, et, depuis notre départ du camp, nous sommes séparés... je voudrais...

PHARAMOND.

Des nouvelles de sa santé?...

JUANISKA.

Mieux que cela, lui parler à lui-même pendant cette halte.

PHARAMOND, piqué.

Palsembleu! madame, c'est le dévouement d'un chevalier que je vous offrais, et non celui d'un commissionnaire... mais vous avez ma foi de gentilhomme, je pars à la recherche de ce disgracieux boyard. (Il sort avec humeur.)

SCENE VI.

JUANISKA, puis BROMINE.

JUANISKA.

Il est furieux, mais il y va; oui, il faut que je voie Bromine, il faut à tout prix qu'il ait recouvré sa liberté avant l'arrivée du convoi dans cette ville, où les difficultés d'une évasion seraient doublées. Bromine prisonnier, ce n'est qu'un homme de moins dans les rangs des oppresseurs de ma patrie : Bromine général, et moi à ses côtés, ce sont des armées entières que je puis anéantir. (Bruit de mousqueterie.) D'où vient ce bruit, ce désordre?... Ah! Bromine!... c'est lui! le ciel m'a entendue.

La fusillade continue. Bromine entre précipitamment.

BROMINE, sans voir Juaniska.

C'est à la gauche du convoi qu'a commencé cette attaque, et plus un soldat de ce côté. Si je pouvais me cacher en attendant l'occasion de rejoindre les nôtres... il faudrait...

JUANISKA, s'approchant de lui.

Il faut fuir à l'instant même, général.

BROMINE.

Juaniska!

JUANISKA.

Profitons du hasard qui nous sert; fuyons, vous dis-je?

BROMINE.

Mais, comment?

JUANISKA.

Voyez ces chevaux. Hâtons-nous; à vous celui-ci... à moi cet autre... et partons, général.

BROMINE.

Oh! oui, partons... il y va de la vie.

Ils s'éloignent au galop. Les soldats qui ont suivi Fleurette rentrent et rompent les faisceaux.

PHARAMOND, accourant.

Une embuscade! une surprise!... ma foi le boyard attendra. A cheval, palsembleu! à cheval! Ah! mon Dieu, où donc est mon bucéphale? Disparu... avec celui du brigadier... Et la Moscovite?... Envolée! Oh la traîtresse! la perfide!... Me voilà gentil!...

LE BRIGADIER, accourant.

Aux armes... aux armes!... les Cosaques attaquent notre gauche. (Les chasseurs sautent à cheval. Le Brigadier reste stupéfait en ne trouvant plus le sien.) Eh bien! Boulotte... où est Boulotte? Mille tonnerre! répondrez-vous, monsieur le marquis?

PHARAMOND.

Ah! brigadier, faites-moi fusiller. Boulotte a été enlevée, et mon animal avec... Voyez là-bas... la Moscovite, le général russe! Ah! palsembleu!... palsembleu!

LE BRIGADIER.

C'est du propre... nous voilà à pied... Je vous soignerai en arrivant, mon gentilhomme... Mais, il nous reste nos bancals. (Aux cavaliers qui sont montés.) Chargez toujours, vous autres! aux Cosaques!...

PHARAMOND.

Oui, brigadier! vengeance!... vous ferez de moi après ce que vous voudrez. Aux Cosaques!...

Les chasseurs sortent au galop, le brigadier et Pharamond suivent en courant. Vive fusillade au lointain, les peletons se forment et partent au pas de course.

Quatorzième Tableau.

LE SULTAN.

Le théâtre représente une galerie du palais de Schéragam.

SCENE PREMIERE.

LE SCHEIK-UL-ISLAM, UN ENVOYÉ DES BOUZI-BOZUCHS.

LE SCHEIK.

Oui, à son retour de la mosquée Medjidièh, le sultan va traverser cette galerie pour se rendre aux jardins de Scheragan, où se donne la fête qu'il offre à ses hôtes. Tu pourras donc ici le voir et lui parler; mais prends-garde... Abd-ul-Medjid n'est plus l'enfant incertain de la route qu'il doit suivre et dont la menace et les prières peuvent changer les résolutions, Abd-ul-Medjid est un homme qui connaît le but qu'il veut atteindre, et qui y marche sans peur, armé de sa conviction et de sa toute-puissance.

ZAÏD.

Scheik-ul-Islam, quoiqu'il puisse advenir, j'accomplirai la mission dont m'a chargé la confiance de mes frères et je ferai entendre au sultan la voix de la vérité. La Turquie est sur une pente fatale, elle roule vers l'abîme où doivent s'engloutir sa nationalité et sa foi! Les chrétiens semblent maîtres de Constantinople; c'est un étranger, un Franc! qui commande les armées ottomanes!... et nul de vous ne proteste dans le conseil contre de pareilles mesures!...

LE SCHEIK.

Au sein du divan j'ai lutté longtemps dans des sentiments pareils à ceux qui t'animent, Zaïd; mais il a fallu plier devant l'inébranlable volonté du maître.

ZAÏD.

Ceux qui servent sincèrement Allah, meurent et ne cèdent pas!...

LE SCHEIK.

Ce n'est pas la peur de la mort qui m'a arrêté, Zaïd, car le sultan, il faut bien le reconnaître, est généreux et clément. Il a horreur du sang, et diffère en cela de Mamoud son père qui fit sans pitié massacrer les jannissaires. C'est pacifiquement qu'il veut obtenir cette métamorphose de la Turquie, que nous appelons sa ruine et qu'il appelle, lui, sa régénération... J'ai combattu, Zaïd, et j'ai été vaincu par la discussion même que je suscitais dans le conseil... La volonté suprême du sultan s'appuyait toujours sur la raison d'État et l'intérêt du pays... C'est pourquoi tu ne peux pas espérer de rien changer à ce qui est avec tes paroles.

ZAÏD.

Dieu décide de toutes choses... Je ferai mon devoir de soldat et d'Osmanli... (Acclamations au dehors.)

LE SCHEIK.

Tu entends, Zaïd, ces acclamations qui saluent le passage du sultan!... C'est peut-être la voix de Dieu lui-même qui parle par la bouche de ce peuple ! (Les acclamations redoublent.)

SCENE II.

LE SULTAN, ZAID, LE CAPITAN-PACHA.

Le cortège du sultan entre, on se range dans le fond au fur et à mesure de son entrée. — Enfin le Sultan paraît entouré des principaux dignitaires de son gouvernement et de quelques généraux français et anglais. — On entend encore dans le lointain les acclamations du peuple.

LE SULTAN.

Voici la récompense des rudes travaux du souverain pouvoir... la seule compensation à tous les soucis du trône. Ces acclamations d'un peuple qui vous rend justice et qui paye par sa reconnaissance l'amour qu'on a pour lui! (A ses officiers.) Ouvrez les portes du palais, et que tous, Ottomans, étrangers, soient admis à cette fête que nous donnons à nos illustres hôtes... Allez!... dans quelques instants nous nous y rendrons nous-mêmes.

ZAÏD, s'avançant au-devant du sultan.

Un mot, sultan!... Écoute un serviteur d'Allah.

LE SULTAN, le fixant.

Nous sommes tous serviteurs d'Allah!... Mais parle, je te le permets, Bachi Zaïd.

ZAÏD, étonné.

Tu me connais... tu sais peut-être ce que je viens te dire.

LE SULTAN, sévèrement.

Je le sais; mais accomplis la mission dont tu t'es chargé.

ZAÏD.

Sultan! Ce sont les plaintes des fidèles croyants que j'apporte aux pieds du trône. Ouvre l'oreille à mes paroles, et que Dieu t'inspire de les exaucer! Tous les usages de nos pères sont abandonnés; les lois de l'islamisme sont violées chaque jour par les tiens et par toi; cet esprit de réformes que souffle l'Occident est un désastreux simoun qui, détruisant nos coutumes et nos principes religieux, menace d'anéantir la foi musulmane... Nous ne devons pas nous courber sous ce vent de l'erreur et de l'impiété. Pour soutenir la guerre que nous font les infidèles, nous n'avons besoin, crois-moi, que de notre courage et du secours d'Allah!...

LE CAPITAN-PACHA

Téméraire ! parler ainsi à ton maître. (Aux officiers.) Qu'on s'empare de lui !...

LE SULTAN.

Laissez-le libre... (A Zaïd.) En ma qualité de prince, de sultan et de calife, je ne dois compte de mes actions qu'à Dieu ; mais j'honore ton courage, et je respecte jusqu'aux incertitudes de ta conscience. Les temps de barbarie, d intolérance et de fanatisme sont passés ! Ces usages que tu regrettes, s'ils existaient encore aujourd'hui, ne t'auraient pas laissé debout devant moi ! A tes injustes plaintes, à tes audacieuses paroles, Mahomet II, Amurat, Bajazet eussent répondu en faisant rouler ta tête ! Moi, je te pardonne ! Quand tous les peuples du monde marchent dans la voie du progrès et de la civilisation, l'empire ottoman, sous peine de ruine, ne doit pas rester en arrière. Ton esprit n'a pas compris le but où je tends... Mais Allah t'éclairera, puisqu'il bénit une alliance qui doit assurer à la Turquie un avenir heureux et triomphant. (On entend le canon.) J'entends le signal de l'arrivée de l'hôte illustre qui porte le plus grand nom des temps modernes ! Ne le faisons pas attendre, venez ! (Tout le monde sort. Changement.)

Quinzième Tableau.

LES JARDINS DE SCHÉRAGAM.

BALLET.

1° L'Écossaise. — 2° La Turquie protégée par la France, l'Angleterre et l'Autriche. — 3° Galop des Drapeaux.

LE SULTAN, à la fin du ballet.

Gloire à nos braves alliés.

TOUS.

Vive le sultan ! ! !

ACTE III.

Seizième Tableau.

LA TENTE DU GÉNÉRAL BROMINE.

Une table. — des siéges — un divan. — Cette tente n'occupe que la moitié du théâtre. — A l'extérieur, groupes de soldats. — Parmi ces soldats, les recrues du village de Slutz.

SCENE PREMIERE.

WOLSKI, JOSEPH.

WOLSKI.

Oui, ils ont fusillé le colonel Porelski et sept officiers de son régiment. Aussi, fusillé pour fusillé, je veux mériter mon affaire.

JOSEPH.

C'est assez recevoir le knout et marcher coude à coude avec les Russes.

WOLSKI.

Le knout et les Russes me sont moins intolérables que la vue de cette Juaniska. Depuis qu'elle a quitté le village avec nous, il faut qu'elle soit devenue folle d'amour pour ce général; elle ne prend plus même la peine de cacher sa passion... Il lui a promis, dit-on, d'obtenir la restitution de tous ses titres et de tous ses biens... Silence, son valet se glisse vers nous... méfions-nous de lui. (Ils s'éloignent un peu.)

SCENE II.

Les Mêmes, MICHEL.

Il paraît accablé de fatigue, il se présente à la porte de la tente du général pour entrer.

LA SENTINELLE.

Le général est sorti.

MICHEL.

Et Juaniska?

LA SENTINELLE.

La comtesse est avec le général.

MICHEL.

Attendons... (Désignant les recrues.) Ils me regardent avec haine et mépris comme ils font de Juaniska... Pauvres amis! s'ils savaient cependant... Mais Juaniska m'a défendu de les détromper... elle souffre pourtant cruellement!... Ah! la voici qui rentre!...

SCENE III.

Les Mêmes, BROMINE, JUANISKA, à cheval.

Juaniska est en amazone. — Michel s'avance pour l'aider à descendre de cheval; mais Bromine a mis pied à terre et lui offre la main : Juaniska est toujours calme et sévère.

BROMINE.

Pardon, madame la comtesse; je vous rejoins à l'instant... quelques ordres à donner. Écoutez, colonel. (Il s'éloigne un peu en parlant à l'Officier. Juaniska passe devant les recrues, qui à voix basse l'apostrophent.)

WOLSKI.

Honte à la transfuge!...

JOSEPH.

Mépris sur la courtisane!...

WOLSKI.

Maudite soit la fille de Vinceslas Taleski!...

Juaniska contient sa douleur sous un visage sombre et impassible, mais Michel ne peut se contenir.

MICHEL.

Vous êtes des lâches... et vous mentez!... (On le hue.)

JUANISKA.

Tais-toi, Michel... je suis résignée... (Elle l'entraîne sur le devant du théâtre.) Te voilà de retour!... tu as vu Omer-Pacha?...

MICHEL.

Oui.

JUANISKA.

On a confiance en toi maintenant?

MICHEL.

Confiance entière.

JUANISKA.

Et tu es bien convenu du signal? il sera bien compris?...

MICHEL.

Oui... Si l'attaque vient par la droite, un drapeau l'indiquera... si c'est par la gauche, l'incendie sera le signal... On est prêt... on attend!

JUANISKA.

J'attends aussi... Bromine ne sait rien encore: ne t'éloigne donc pas... reste là près de moi...

MICHEL.

Toujours!...

Juaniska et Michel se parlent bas.

JOSEPH, à ses camarades.

Eh bien, loin de trahir notre cause, j'ai idée qu'elle la sert, au contraire, en secret.

WOLSKI.

Comment! après ce qui s'est passé, tu peux croire...

JOSEPH.

Silence!... voici le général.

On entend battre au champ. Les recrues s'éloignent de quelques pas causant à voix basse. Juaniska va au-devant de Bromine. Celui-ci lui offre la main: ils entrent dans la tente: Michel s'éloigne. Sentinelles et officiers circulent sur la partie libre du théâtre.

WOLSKI, à ses camarades.

Eh bien, à tout prix il faut savoir si nous l'avons mal jugée, et je finirai par découvrir...

UN CAPORAL, *s'approchant.*

Allons, Wolski, Joseph, en faction !... c'est votre tour.

Ils prennent leurs fusils. Wolski est placé à l'entrée de la tente du général, l'autre aux faisceaux.

BROMINE.

Reposez-vous donc, ma belle amazone. Savez-vous que vous êtes de fer? et, d'honneur, vous avez tous les attributs d'une héroïne : la force, le courage et la beauté... J'ai reçu enfin du maréchal la promesse formelle d'obtenir de l'empereur la restitution de tous vos priviléges, fortune et noblesse... Et quand vous le voudrez, comtesse, de l'humble serviteur qui est devant vous, vous ferez un heureux époux!...

JUANISKA, *froidement.*

Allons, général, vous revenez encore sur ce sujet. Il est vraiment bien question à cette heure de mariage et d'amour! Nous sommes en guerre, pensez-y donc et l'armée anglo-française s'avance. Votre général en chef a-t-il enfin pris un parti? Quand donc apparaîtra ce plan nouveau qu'a conçu son génie ?

BROMINE.

Je l'ignore... Nous ne l'apprendrons qu'au dernier moment. Et, d'ailleurs, que peut leur poignée de soldats contre les masses énormes que nous pousserons sur eux sans qu'ils s'y attendent.... Nous serons vainqueurs, Juaniska, n'en doutez pas; et je vous demande de vouloir bien alors accepter le sacrifice de ma vie que vous m'avez sauvée hier, de ma liberté que vous m'avez rendue il y a quinze jours.

SCÈNE IV.

LES MÊMES, OGHILEFF.

OGHILEFF.

Général, un parlementaire demande à être introduit près de vous.

BROMINE.

Qu'on l'amène dans la pièce voisine.

JUANISKA.

Et pourquoi pas ici ?

BROMINE.

Pour ne pas vous déranger, comtesse...

JUANISKA, *jouant le dépit.*

Vous voulez me cacher quelque chose ?

BROMINE.

Moi !... Mais je n'ai pas de secrets pour vous, Juaniska, vous le savez... Et du diable si je me doute de ce que peut vouloir ce parlementaire. Faites-le entrer.

SCÈNE V.

LES MÊMES, DORGÈRES.

JUANISKA, apercevant Dorgères.

Lui !...

DORGÈRES, apercevant Juaniska, à part.

La voilà... je m'y attendais, et cependant sa vue ici me fait un mal horrible.

JUANISKA, à part.

O mon Dieu ! quelle épreuve tu m'inposes !...

BROMINE.

Eh bien, monsieur, vous pâlissez ? qu'avez-vous donc ?

DORGÈRES.

Général... pardon ; j'éprouve, je l'avoue, quelque émotion en revoyant madame...

BROMINE.

Et pourquoi ?

DORGÈRES.

Elle a cruellement abusé de ma confiance pour assurer sa fuite et la vôtre... Je trouve que sa façon d'agir n'a pas été loyale envers moi, et je...

BROMINE.

Allons donc, monsieur, il est toujours loyal de se sauver des mains de ses ennemis.

DORGÈRES.

Oui, les armes à la main... Mais, quand on les trompe...

BROMINE.

C'est de bonne guerre.

DORGÈRES.

Nous, Français !... nous ne l'entendons pas ainsi !

BROMINE.

Chacun l'entend à sa manière...

DORGÈRES.

La vôtre n'obtient pas l'approbation du monde, sachez-le bien...

BROMINE.

Nous n'y tenons pas, monsieur.

DORGÈRES.

Et elle vous met au ban de toutes les nations civilisées.

BROMINE.

Êtes-vous venu ici pour nous insulter ?... Prenez garde...

DORGÈRES.

Je suis chargé de vous proposer un échange de prisonniers. J'ai l'ordre de vous offrir trois Russes par soldat turc.

BROMINE.

Je tiens cette proposition pour outrageante; pourquoi n'offrez-vous pas tête pour tête? Penseriez-vous donc valoir plus que nous, monsieur ?

DORGÈRES.

C'est notre idée... Cependant, si votre susceptibilité s'en offense, que cela n'empêche pas un échange; nous vous rendrons un Russe seulement par prisonnier, quel qu'il soit.

BROMINE.

Non, monsieur, nous ne faisons pas d'échange... Nous n'avons pas besoin d'hommes... nous en avons plus qu'il nous en faut !

DORGÈRES.

Nous verrons cela par la suite. C'est bien, général, ne parlons plus d'échange ! Mais ne pourriez-vous pas, du moins, comme rançon particulière de vous et de cette belle dame, m'accorder la liberté de ce Français... un maladroit qui s'est fait prendre dans l'escarmouche d'hier matin...

BROMINE.

Peste ! monsieur, un maladroit !... dites donc un enragé... Il est venu se jeter sur nous comme un fou... qui a failli me tuer moi-même, monsieur; qui m'eût tué, sans madame.

DORGÈRES, avec mépris.

Madame vous sauve donc toujours ?...

BROMINE.

Oui, monsieur... Elle est pour moi comme un ange gardien.

DORGÈRES, avec amertume.

Un ange !... vous êtes bien heureux... Tenez, moi, général, j'ai rencontré une fois sur ma route une jeune fille qui m'a aussi sauvé la vie. Je l'admirais, je l'aimais; et quand je priais Dieu, c'est elle que je voyais !... Eh bien, le croirez-vous, général ! à cette heure je hais et je méprise cette femme !... Il n'y a pas d'anges sur la terre !

JUANISKA, à part.

Oh !...

DORGÈRES.

Mais, pardon... m'accorderez-vous la liberté de mon compatriote ?

BROMINE.

Impossible, monsieur, les ordres sont formels à cet égard, je n'y puis rien. Qu'il fasse avec moi comme j'ai fait avec vous... je ne trouverai rien à redire... En guerre chacun pour soi... et Dieu pour tous.

DORGÈRES.

Dieu n'est que pour les causes justes et pour les moyens honnêtes!

OGHILEFF, revenant.

Pardon, général, un officier de l'état-major du général en chef !

BROMINE.

Bien... j'y vais ! Reconduisez ce parlementaire en dehors des avant-postes, avec les précautions d'usage.

DORGÈRES.

Je vous salue, général. (On emmène Dorgères.)

BROMINE.

Voici sans doute les ordres que nous attendons. A tout à l'heure, comtesse. (Il entre dans la pièce voisine.)

SCÈNE VI.

JUANISKA, seule, puis MICHEL.

JUANISKA, avec douleur.

Mon calice est bien amer, et je l'ai bu jusqu'à la lie. La tâche que je me suis imposée était trop lourde... je succombe sous son poids.

MICHEL, à lui-même, regardant dans la tente.

Qu'a-t-elle? elle souffre !... elle pleure !... (Il entre.)

WOLSKI, bas à Joseph.

Ils sont ensemble. Écoutons !...

MICHEL, s'approchant.

Juaniska !...

JUANISKA, se jetant dans les bras de Michel.

Ah ! Michel ! Michel ! trop de coups m'accablent à la fois et ma résignation m'abandonne... le mépris de cet homme m'a tuée...

MICHEL.

Que dites-vous?... Quel homme?...

JUANISKA.

Tu ne te rappelles pas, toi, cet officier français, ce voyageur qui a failli périr dans notre pays, au village de Slutz... il y a cinq mois...

MICHEL.

Eh bien?

JUANISKA.

Il m'a vue ici tout à l'heure, et comme tous les autres... il m'a prise pour la maîtresse de Bromine.

MICHEL.

Que vous importe, puisque cela n'est pas?... (Mouvement de Wolski et de Joseph.)

JUANISKA.

Mais il le croit lui!... il me méprise et me hait maintenant!...

MICHEL.

Vous avez pour vous votre conscience, ne vous occupez pas du jugement de cet homme.

JUANISKA, avec désespoir.

C'est son jugement qui me tue, au contraire!... Michel! Michel!... ne vois-tu donc pas que je l'aime?

MICHEL.

Ecoutez, Juaniska: certaines tâches honteuses, et la nôtre est de ce nombre, ne se relèvent devant Dieu et devant les hommes que par la grandeur de leur but et l'immensité des sacrifices qu'elles imposent. Remerciez donc le ciel qui vous envoie cette souffrance nouvelle pour absoudre vos trahisons... Relevez-vous Juaniska, relevez-vous!... Au but où vous tendez, vous avez immolé votre honneur, vous lui devez aussi le sacrifice de votre amour!... (Bromine paraît et écoute, du côté opposé où sont Joseph et Wolski.)

JUANISKA, avec douleur.

Ah! c'est bien cruel, mon Dieu!

MICHEL.

Dans cette voie terrible où vous êtes engagée, il ne vous est plus permis de regarder autour de vous... Vous êtes morte à toute autre pensée que celle de votre père et de votre patrie!...

JUANISKA.

Soit!... mon sort est fixé... je m'y résigne. J'accepterai dans cette vie le mépris de Dorgères, comme celui de nos frères; mais au jour de ma mort, et il est prochain... je le sens, va le trouver, Michel, toi le confident, le seul témoin de mes tortures; apprends lui alors la vérité, révèle-lui le pacte terrible qui m'attachait au général Bromine. Dis-lui que, placée près de cet homme par la main même de Dieu pour déjouer les plans de nos tyrans en les livrant à l'ennemi, j'ai dû devenir infâme aux yeux de tous, mais suis restée toujours pure devant l'amour...

MICHEL.

Pauve enfant!...

JUANISKA.

Tout est dit: et maintenant, il n'y a plus en moi que la fille de Vinceslas... Les ordres du général en chef sont arrivés... tiens-toi prêt, Michel, à exécuter les miens... (Michel s'éloigne précipitamment. Juaniska va au-devant de Bromine qui rentre.) Eh bien, général?

BROMINE, affectant le calme.

Le plan du maréchal est arrêté... Il refuse l'aile droite, et c'est par la gauche qu'il attaque enfin l'ennemi. Nous nous retirons pour l'aller rejoindre à marche forcée... Préparez-vous donc... nous partons. (Il sort de la tente, et dit à un officier :) Appelez le colonel Oghileff.

JUANISKA sort de la tente et fait signe à Michel d'approcher, puis elle lui dit à voix basse :

Sur le sommet de la montagne de Sarrova, est un vieux moulin abandonné... tu vas t'y rendre sans être vu, et quand brillera au ciel la première étoile, tu mettras le feu à ce moulin... C'est là le signal qui est attendu... Adieu, Michel!

MICHEL.

Au revoir, Juaniska!

Michel s'éloigne. Juaniska rentre. Pendant que Juaniska a parlé à Michel, Bromine l'a observée, puis aussitôt qu'elle est rentrée, il dit à Oghileff.

BROMINE.

Vous m'avez compris... allez! (Les officiers s'éloignent. Bromine rentre dans la tente.) Madame, je viens de voir partir un homme qui porte à l'ennemi le plan et le signal de notre attaque, et je ne l'ai point fait arrêter... Que pensez-vous de cela?

JUANISKA, troublée.

Vous dites, général?

BROMINE.

Que votre messager accomplira tranquillement sa mission.

JUANISKA.

Mon messager?...

BROMINE, avec calme.

Oui, Michel Clodsko... mon fidèle serviteur

JUANISKA, accablée.

Ah!... tout est perdu!

BROMINE, avec calme et ironie.

Rassurez-vous, madame, tout est sauvé, au contraire!... Michel Clodsko nous sert en ce moment mieux qu'il ne le pense... (Avec une colère concentrée.) Car je vous ai pris tous deux dans vos propres piéges... Votre trahison aujourd'hui tourne à notre avantage, et assure la ruine de nos ennemis... C'est un faux renseignement que je vous ai donné tout à l'heure, c'est un faux avis qu'emporte votre agent.

JUANISKA, accablée.

Dieu m'abandonne!...

BROMINE.

C'est un rôle bien ignoble que vous avez rempli près de moi, madame... mais, je dois l'avouer, vous l'avez parfaitement joué... Fou que j'étais... de m'imaginer que vous m'aviez sauvé par dévouement... par amour!... Vous me protégiez hier encore contre les balles... parce que j'étais l'instrument de vos desseins, l'aveugle intermédiaire par qui vous livriez les plans de nos généraux à l'ennemi... (Avec une fureur croissante.) Oh ! c'est infâme !... Il n'y a pas de grâce, madame, n'en espérez pas !... Votre sexe ne saurait vous sauver !... Il n'y a plus de femme ici, il n'y a qu'un espion... et vous savez ce qui attend les gens de cette sorte.

JUANISKA, sombre et pensive.

Le jour où j'ai mis le pied dans votre camp j'ai fait le sacrifice de ma vie... et depuis j'en ai fait de plus cruels encore... Vos menaces ne m'effrayent pas...

BROMINE.

Vous avez du moins raison en cela, on ne doit pas tenir à la vie quand on a perdu son honneur !

JUANISKA, avec une grande énergie.

Mon honneur !... Est-ce que vous pouvez en juger, général Bromine, vous qui m'aimiez ce matin, me croyant assez lâche pour accepter de votre czar les titres et les biens de mon père ! vous, qui m'espériez assez infâme pour payer cette rançon du nom de votre femme !... Ah ! courbez la tête, monsieur... Si j'ai pu vous tromper... c'est que vous aviez l'âme assez vile pour croire que je trahissais mon pays et mon père.

BROMINE.

Assez, madame, et préparez-vous à mourir.

Wolski et Joseph se précipitent en scène... ils s'élancent sur Bromine.

WOLSKI.

Non pas elle... mais toi. si tu bouges ! Ils le renversent.

JUANISKA, stupéfaite.

Wolski ! ! !

WOLSKI.

Oui... Juaniska... nous avons tout entendu... Pardon pour nos outrages... Que faut-il faire de cet homme ?

JUANISKA, lui jetant son écharpe.

Bâillonnez-le !...

BROMINE.

Infâmes !...

JUANISKA.

Tout est loyal, avez-vous dit, pour échapper aux mains de ses ennemis...

WOLSKI.

Ne perdez pas un instant... partez, Juaniska.

JUANISKA.

Oui, car il y va du salut d'une armée tout entière... Mais vous ?...

WOLSKI.

Nous saurons nous évader...

JOSEPH.

Où faut-il vous rejoindre?...

JUANISKA.

Au moulin de Sarrova.

Juaniska s'éloigne. Wolski et Joseph entraînent Bromine dans la pièce voisine, et disparaissent avec lui. Bruit de tambours et de trompettes.

Dix-septième Tableau.

LE PONT.

Le théâtre représente un torrent traversé par un pont construit sur des rochers. — Le site est sauvage On aperçoit sur une montagne au lointain le moulin de Sarrova.

En avant du pont sur la gauche, deux soldats français sont en sentinelles avancées, et s'abritent derrière des obstacles de terrain. — Un petit poste est au bout du pont. — Un autre poste plus considérable est à la droite en arrière du pont. — Cette grand' garde est commandée par un capitaine, composée de soldats de la ligne et de quelques chasseurs à pied; Au changement on relève les factionnaires avancés. Une sentinelle dans la coulisse de droite crie : Attention, le général en chef.

SCÈNE PREMIERE.

LE MARÉCHAL, arrivant par la droite, suivi de son chef d'état-major et de divers officiers; LE CAPITAINE, LA SENTINELLE, ÉLOI.

LE MARÉCHAL, à l'officier qui est sur le pont.

Rien de nouveau, capitaine?

LE CAPITAINE.

Non, monsieur le maréchal, pas encore.

LE MARÉCHAL.

C'est bien. (Le maréchal et les officiers de sa suite mettent pied à terre. On éloigne les chevaux. Le maréchal examine le lointain de la campagne.) Voyons la carte... (On déploie une carte qu'on étale sur un rocher. S'adressant à son chef d'état-major.) Tenez, on voit parfaitement d'ici ce moulin de Sarrova dont on nous a parlé.

LE CAPITAINE.

On l'observe depuis deux jours, monsieur le maréchal, et de divers endroits. Votre Excellence peut-être sûre qu'aucun signal n'y sera donné sans qu'elle en soit avertie.

LE MARÉCHAL.

On m'a assuré qu'on pouvait y compter avec toute confiance; nous verrons. En attendant, je crois sage de prendre mes mesures à tout événement, et de concentrer davantage notre aile gauche, que je trouve trop éparpillée. (Il va étudier la carte.) Voyez, capitaine...

Il parle bas en montrant la carte. En ce moment Dorgères paraît.

LA SENTINELLE.

Qui vive?

DORGÈRES.

France!

LA SENTINELLE.

Avance au mot de ralliement. Dorgères met pied à terre.

SCENE II.

Les Mêmes, DORGÈRES, un Trompette.

LE MARÉCHAL, entendant le qui-vive et continuant d'examiner la carte.

Qu'est-ce?... Ah! le commandant Dorgères!... (A un officier.) Faites-le venir... (S'adressant au capitaine.) Vous comprenez cela, capitaine?

LE CAPITAINE.

Parfaitement, monsieur le maréchal.

LE MARÉCHAL, à Dorgères qui se présente.

Eh bien! commandant, on n'accepte aucun échange?... Je m'en doutais... C'est à nous alors de ne pas nous laisser prendre. Avez-vous remarqué quelque chose?

DORGÈRES.

Ils nous ont reconduits les yeux bandés bien avant de leurs grands'gardes... mais une fois libres, nous avons aperçu par derrière leur première ligne une grande poussière indiquant sans doute un mouvement considérable de troupes.

LE MARÉCHAL.

Il est certain qu'ils doivent tenter quelque grand effort et qu'ils ne peuvent nous attendre dans l'immobilité de leur situation actuelle... C'est pourquoi j'ai voulu tout voir par moi-même et crois prudent de modifier nos positions. D'après les ordres nouveaux que je vous ai donnés, capitaine, ce poste ne doit plus rester... Il défend ce passage, il est vrai... mais on pourrait le tourner par la vallée que nous cessons d'occuper. Commandant Dorgères, vous connaissez ce terrain, je vous charge de relever les hommes qui l'occupent et de vous replier avec eux. (Au chef d'état-major.) Donnez un ordre écrit au commandant. (Le chef d'état-major écrit l'autorisation.) Vous avez, outre cette grand'garde, un poste de zouaves sur votre droite... et un de chasseurs à pied plus loin... Vous savez... retirez-vous lestement... je vous y engage... une marche rapide de l'ennemi pourrait vous couper. C'est entendu... allons, messieurs! (Le maréchal remonte à cheval. Le chef d'état-major remet l'autorisation qu'il vient d'écrire à Dorgères. — Le maréchal s'adressant à Dorgères.) N'oubliez pas de détruire ce pont en vous retirant. (Le maréchal et son état-major s'éloignent.)

SCENE III.

DORGÈRES, ELOI, LE CAPITAINE, SOLDATS, puis MICHEL.

DORGÈRES, donnant l'ordre aux troupes de passer le pont.

Le pont est en bois : ce n'est pas une besogne difficile de le couper ; mais il faut faire ce travail adroitement. Ecoutez...

Il parle bas à des soldats. Des sapeurs se mettent à abattre le pont.

ÉLOI, à Dorgères.

Commandant, voyez donc là-bas... un particulier qui cherche à franchir le torrent... il se glisse de rochers en rochers...

DORGÈRES.

Quelque espion, sans doute.

LA SENTINELLE.

Faut-il faire feu, commandant ?

DORGÈRES.

Non... mieux vaut s'emparer de cet homme d'abord... nous verrons après...

ÉLOI.

Je me charge de vous l'amener, commandant. (Il saute, avec plusieurs soldats dans une barque et s'éloigne.)

DORGÈRES.

C'est singulier, au lieu de chercher à fuir, on dirait au contraire que cet homme nous fait des signes d'intelligence. Oui, il attend, il monte dans la barque.

Pharamond et les soldats reparaissent avec Michel.

MICHEL, sortant de la barque.

Je vous le répète,.. je suis pour vous de cœur et de bras.

ÉLOI.

Je ne dis pas le contraire, mais ce n'est pas à moi d'apprécier, voici le commandant. (Il désigne Dorgères.)

DORGÈRES, à Michel.

Pourquoi cherchais-tu à franchir le torrent ?

MICHEL.

J'ai une mission à remplir.

DORGÈRES.

Quelle mission ?

MICHEL.

Je ne puis le dire.

DORGÈRES.

Prends garde.

MICHEL.

Est-ce que vous ne me connaissez pas, commandant ? Rappelez vos souvenirs ?...

DORGÈRES.

Attends... Oui... je t'ai vu près d'Omer-Pacha...

MICHEL.

C'est cela... Je ne dois plus alors vous être suspect... laissez-moi poursuivre ma route... J'ai à exécuter des ordres qui importent au salut de votre armée...

DORGÈRES.

Eh bien, nous te conduirons nous-mêmes près du maréchal... Nous allons le rejoindre.

MICHEL.

Ce n'est pas au maréchal que j'ai à faire.

DORGÈRES.

Tout ce qui intéresse l'armée doit être connu du maréchal.

MICHEL.

Je le sais; mais ce n'est pas vers lui qu'on m'envoie. Ne me faites pas perdre un temps précieux.

DORGÈRES.

Peux-tu dire au moins où tu vas?

MICHEL.

Oui.... Je vais là-haut... sur cette montagne, au moulin de Sarrova; et il faut que j'y arrive avant la fin du jour.

LE CAPITAINE, du haut du pont.

Commandant, le travail avance.

DORGÈRES.

Bien... (A Michel.) C'est précisément du côté du moulin que nous allons nous replier... Viens donc avec nous, car tu serais sans doute encore arrêté dans ta marche.

MICHEL.

Volontiers, pourvu que j'arrive avant la fin de la nuit.

DORGÈRES.

Tu y seras...

Tout les soldats ont successivement traversé le pont : on porte les derniers coups sur les madriers du pont.

ÉLOI, dans la barque, à Dorgères.

Passez vite, commandant... (On passe.) Ça y est; le poids d'un hanneton suffirait à présent... Je réponds de la culbute.

Tout le monde s'éloigne : Janiska à cheval entre en scène du côté opposé.

SCENE IV.

JUANISKA, puis MICHEL.

JUANISKA, fouettant son cheval.

Courage... encore un effort... Voilà le but... j'arriverai!

Lorsqu'elle est arrivée au milieu du pont, des voix crient de la coulisse : *Arrêtez!... arrêtez!...*

MICHEL, *paraissant.*

Juaniska !...

Le cheval est lancé au galop. Juaniska ne peut l'arrêter. Arrivée à l'endroit où le pont a été scié, elle tombe dans le torrent. Cris d'horreur des soldats. Michel se précipite dans le torrent en s'écriant : *Juaniska !... Juaniska !...*

Dix-huitième Tableau.

LA FERME.

La cour d'une ferme ; à gauche la porte d'entrée. — A droite l'habitation. — Un puits. — Table en bois, — Un banc, faulx, fourches, instruments de labourage çà et là.

Au lever du rideau, Dimisko donne des ordres à divers garçons de la ferme.

SCENE PREMIERE.

DIMISKO, GARÇONS DE FERME.

DIMISKO, *aux Garçons.*

Allons, laissez ces sacs et faites avancer la charrette. Oh ! la triste chose que la guerre !... Que le bon Dieu punisse les Russes de tous les malheurs dont ils sont cause ! (*Aux Garçons.*) Gagnons vite Schoumla, où je viens d'envoyer ma fille Oleïde sous la conduite d'Ali et de Nedjoumah.

On entend un grognement du côté de la porte de l'étable. La tête d'un cochon paraît à travers un trou.

UN GARÇON.

Ah ! mon Dieu ! et ce pauvre Antoine que nous oublions !

DIMISKO.

Ma foi, tant pis pour lui ! Si tu crois que je vais encore l'engraisser pour ces brigands de cosaques !

LE GARÇON.

C'est juste !... Allons, Dimisko, en route !...

Il va remettre l'auge où il l'a prise.

SCÈNE II.

LES MÊMES, NEDJOUMAH.

NEDJOUMAH, *accourant.*

Maître !... maître !...

DIMISKO, *effrayé.*

Hein ?... qu'est-ce que c'est ?... qu'est-ce qu'il y a ?... Les Cosaques ?...

NEDJOUMAH.

Oui, maître.

DIMISKO.

Je le disais... c'en est fait ! tout est perdu.

NEDJOUMAH.

Au contraire.

DIMISKO.

Comment?

NEDJOUMAA.

Oui, votre fille est sauvée.

DIMISKO.

Comment, sauvée?... elle a donc été en danger?...

NEDJOUMAH.

Certainement... et moi aussi... Ali aussi...

DIMISKO.

Explique-toi!... Qu'est-il arrivé?

NEDJOUMAH.

Nous étions à deux milles à peu près de Glisnou, nous longions le cours du Danube en prenant le plus possible les chemins couverts, lorsque tout à coup une dizaine de Cosaques arrivent sur nous au galop en criant : Hurrah! hurrah!... Déjà ils nous entraînaient, lorsqu'à nos cris, quatre Français dont un Anglais s'élancent de derrière un taillis où ils étaient et tombent sur les Cosaques en leur administrant de tels coups de sabre, qu'on aurait dit qu'il en pleuvait... Si bien que les Cosaques nous ont lâchés, et sautant sur leurs chevaux, se sont mis à galoper... Ah! je puis dire que je n'ai jamais vu galoper comme ça, par exemple! non, jamais... jamais.

DIMISKO.

Et Oleïde?

NEDJOUMAH.

Elle est avec Ali... Nos libérateurs nous ont conseillé de rebrousser chemin, promettant de nous faire escorte, et une fois à deux cents pas de la ferme, j'ai pris les devants pour vous dire de ne pas bouger, car il paraît qu'il y a plus de danger par là-bas qu'ici.

DIMISKO.

Tu crois qu'il y a plus de danger...

NEDJOUMAH.

Dam! voilà ce que les soldats nous ont dit... Au surplus, demandez-leur à eux-même... Les voici.

SCÈNE III.

LES MÊMES, OLEIDE, PHARAMOND, LE BRIGADIER BIDOUX, BISKARA, JOHN BROGHILL.

OLEÏDE, courant à son père.

Mon père!...

DIMISKO, l'embrassant.

Ma pauvre Oleïde! il paraît que tu l'as échappé belle?

OLEÏDE.

Oh! oui, mon père! j'ai eu bien peur, allez!...

DIMISKO.

Scélérats de Cosaques!... (Allant à Biskara.) Comment vous remercier?... Oh! je n'oublierai jamais le service que vous m'avez rendu... Je l'aime tant ma petite Oleïde!... Tout ce que je possède est à vous.

BISKARA.

Merci, brave homme.... le hasard a fait plus que nous. Nous nous étions un peu aventurés dans la campagne à seule fin de procurer le rafraîchissement d'un coup de bancal à deux camarades qui s'étaient ostinés pour des mots... des bêtises... et nous étions en train de chercher un terrain propice au monologue, quand nous avons entr'aperçu de loin le danger de ces deux jeunesses.

PHARAMOND.

Palsembleu! nous n'avons plus pensé qu'à nous élancer à leur défense... Protéger la beauté est le premier devoir du soldat français.

BROGHILL.

C'était aussi le devise du gentleman de mon pétrie... et comme je avais pas mon riffle... je avais boxé les Cosaques qui insultaient les miss.

LE BRIGADIER.

Et ils n'y reviendront plus, je vous en réponds... Cré nom! si je vous ai prié de me servir de témoin, c'est que je vous connaissais pour un lapin... Mais quels coups de poing! quels amours de coups de poing!

BISKARA.

Vous n'aviez pas vos mains non plus dans vos poches, brigadier!...

LE BRIGADIER.

Au point que j'ai passé ma bile sur ces cocos-là. (A Pharamond.) Et si vous voulez, monsieur le marquis... c'est-à-dire collègue... nous ferons la paix. J'avoue que j'ai eu tort de mécaniser vos nouveaux galons.

BROGHILL, approuvant.

Haow!... yès... c'était seulement les cosaques qu'il fallait mécaniser!

BISKARA, à Pharamond.

Plus de duel... C'est sans rancune, pas vrai?

PHARAMOND.

Oh! sans rancune!

Il donne une poignée de main au brigadier.

OLEÏDE, aux Français.

Vous alliez vous battre entre vous?

BISKARA.

Pas peur, mon ange... nous voilà tous amis.

BROGHILL.

Yès... on avait fait le raccommodement *shake hand.*

PHARAMOND.

Bon petit cœur!... et quels yeux!... (Envoyant des baisers à Oleïde.) Tiens, bayadère... tiens, sultane... tiens, péri!... Voilà mon opinion sur ton compte!

BROGHILL, cherchant à le retenir.

Haow!... Finissez, my dear... c'était shoking!

PHARAMOND.

Bah!... en Bulgarie... ça se fait!

BISKARA.

Oui, c'est une bagatelle auprès des galanteries cosaques... Le fait est que ces jeunesses-là vous ont des quinquets à bombarder une section de zouaves sans loucher... Moi qui vous parle, il me faut toute ma vertu pour rester dans l'alignement de la chevaerie auprès de ces charmantes houris.

BROGHILL.

Haow! je ne comprenais pas l'alignement des souris... Mais vôs étiez la supérieur ici et vôs deviez l'exemple à tous!

BISKARA.

Vous parlez comme un livre, mylord... (A Pharamond, qui lutine les femmes.) Allons, camarade, soyons sage, et de la tenue chez l'habitant... Respect à la discipline!

PHARAMOND.

J'obéis, sergent. (A part.) Je vous demande où la discipline va fourrer son nez!

Dimisko a parlé bas à sa fille.

DIMISKO.

Ma fille a eu grand'peur, messieurs... permettez-lui de se retirer quelques instants pour se remettre.

BISKARA.

Comment donc!... et d'ailleurs nous allons nous-mêmes retourner au camp.

DIMISKO.

Oh! pas avant de nous être assis à la même table... ça me ferait trop de peine... ça me porterait malheur!... Et puisque vous êtes si braves et que nous avons à suivre à peu près la même route, vous nous permettrez de partir en même temps que vous.

BISKARA.

Volontiers. Seulement ne perdez pas de temps... il faut que

nous soyons de retour à la retraite. Le général n'entend pas raillerie là-dessus.

DIMISKO.

Soyez tranquille. (aux gaaçons) Abritez provisoirement la charrette dans la grange. (Ils sortent.) Nedjoumah, mets le couvert pendant que je vais m'occuper des provisions... Viens, ma fille... Rentrons.

NEDJOUMAH.

Tout de suite... tout de suite.

SCÈNE IV.

BISCARA, LE BRIGADIER, BROGHILL, PHARAMOND, NEDJOUMAH, occupée à dresser le couvert.

PHARAMOND.

Palsambleu ! j'ai beau me remémorer les histoires de ces paladins qui rompaient des lances pour la beauté comme nous venons de le faire... il me semble que leurs aventures avaient un dénoûment moins vulgaire ! Une soupe aux choux... ou au lard pour récompense, c'est bien prosaïque... Qu'en pensez-vous, milord ?

BROGHILL.

Haow ! j'aimais beaucoup la soupe aux choux !

PHARAMOND.

Moi, c'est autre chose que je rêvais en abordant ces contrées aimées du soleil!... Et les évacuer sans avoir quelque tendre et mystérieuse aventure à raconter au retour... Palsembleu ! ce serait trop fort.

LE BRIGADIER, à part.

As-tu fini, monsieur le marquis.

PHARAMOND, à Nedjoumah, qui met le couvert.

Charmante Bulgare, permettez que je vous aide... (Il lui prend la taille.)

BROGHILL, scandalisé.

Haow ! c'était de plus en plus shoking !

NEDJOUMAH.

C'est bien inutile, monsieur le Français... mais si ça peut vous faire plaisir...

PHARAMOND.

Passez-moi cette assiette... ô ma sultane !... Au temps de ma splendeur si je vous avais rencontrée à Paris, j'aurais fait de vous une divinité aux pieds de laquelle j'aurais effeuillé un à un des jours tout remplis d'amour et de volupté.

NEDJOUMAH.

Oh ! mais, c'est bien gentil ce que vous dites-là.

PHARAMOND, le lutinant.

N'est-ce pas que c'est...

Broghil qui a observé Pharamond s'est approché de Biskara occupé à bourrer sa pipe, il lui frappe sur l'épaule et lui indique Pharamond.

BROGHILL.

Haoh!... haow!...

Il gesticule en prononçant des mots anglais.

BISKARA, à lui-même.

Voilà l'Anglais qui se fâche. (S'adressant à Pharamond.) Eh! là-bas... je vous intime de finir!

PHARAMOND, lâchant Nedjoumah.

C'est fini, sergent!

BISKARA.

Du calme!... Faites comme moi, nom d'un petit bonhommme! Maintenez-vous!

PHARAMOND.

En voilà un qui est plus poli que mon collègue... mais je le déclare encore plus embêtant!

SCÈNE V.

LES MÊMES, DIMISKO, OLEIDE.

DIMISKO, apportant une grande quantité de provisions.

Nedjoumah! Nedjoumah!...

NEDJOUMAH, courant à lui.

Voilà, maître, voilà...

Elle le débarrasse d'une partie de ce qu'il porte et le met sur la table.

DIMISKO.

Allons, à table, mes braves, à table! (Regardant sur la table.) Eh bien, eh bien, qu'est-ce que j'ai fait!... j'ai oublié l'essentiel... les brocs de vin, je les ai laissés dans le cellier.

NEDJOUMAH.

Ne vous dérangez pas, maître, je vais les apporter. (Elle sort.)

PHARAMOND, voulant la suivre.

Si je lui donnais un coup de main.

BISKARA.

Du tout, du tout, farceur... ça serait trop long!

DIMISKO, tout en servant.

Allons, ferme, messieurs, et n'oubliez pas que pour me faire plaisir, il faut que tout y passe.

NEDJOUMAH, rentrant et effrayée.

Ah! mon Dieu!... ah! mon Dieu!... ah! mon Dieu!...

DIMISKO.

Qu'est-ce que c'est?... qu'est-ce qu'il y a?...

NEDJOUMAH.

Les Cosaques!... Oui, ceux de ce matin... je crois que ce sont eux, ils se dirigent vers la ferme.

BISKARA, *tirant son sabre et le posant tranquillement sur la table.*

Eh bien, laissez-les venir... nous allons les recevoir.

OLEÏDE, *effrayée.*

Les Cosaques!...

Les garçons de ferme traversent le théâtre en criant : Sauve qui peut... les Cosaques!... les Cosaques!...

BISKARA, *les arrêtant.*

Arrêtez... et un peu de cœur donc... Vous avez des fourches... des pioches... calmez-vous, et suivez l'exemple que nous allons vous donner.

DIMISKO.

Oh! non, non, pas de résistance... nous ne sommes pas en force... ils nous tueraient tous, ils brûleraient la ferme. Cachez-vous plutôt.

BISKARA, *avec indignation.*

Nous cacher!...

LE BRIGADIER.

Plus souvent!

PHARAMOND.

Palsembleu!...

JOHN.

Goddam!...

NEDJOUMAH.

Eh bien! au fait... oui, qu'ils viennent... Et nous allons voir!

OLEÏDE, *à Biscara.*

Sauvez-nous...

BISKARA.

Attendez, oui... Mettons d'abord ces jeunes filles en sûreté, je vous dirai après ce que nous aurons à faire. (*Il enferme les jeunes filles.—A Dimisko.*) Restez là pour donner le change à ceux qui viennent... accueillez-les bien, faites-leur des mamours!... le reste nous regarde. *à Pharamond, au Brigadier et à Broghill. Ils se cachent derrière des sacs.*)

DIMISKO, *voulant se cacher.*

Ils ont fermé la porte... Ah! je suis arrivé à ma dernière heure...

SCÈNE VI.

DIMISKO, PREMIER COSAQUE, DEUXIÈME COSAQUE, COSAQUES.

PREMIER COSAQUE.

Cernez la ferme, que nul ne puisse entrer ou sortir!

DIMISKO.

Ah! mon Dieu!... mon Dieu!...

PREMIER COSAQUE.

Eh! toi, là-bas, avance!

DIMISKO.

Qu'y a-t-il pour votre, service, seigneur Co...co...saque?

PREMIER COSAQUE.

Nous sommes épuisés de fatigue, nous et nos chevaux avons besoin de manger et boire. Allons, qu'on nous serve!

DIMISKO, à part.

Ils ne savent pas que les Français sont ici... Bon... de l'aplomb alors... (Haut.) Eh! mais, seigneur Cosaque, ne voyez-vous pas cette table toute servie? j'ai prévenu vos désirs.

PREMIER COSAQUE.

C'est pour nous que tu avais préparé... Diable! tu es homme de précaution.

DEUXIÈME COSAQUE, présentant les képis et le chapeau de Broghill qu'il vient de trouver sur le banc.

Sergent, sergent, voyez donc?

DIMISKO, à part.

Aie... aie... aie...

PREMIER COSAQUE.

Comment ces coiffures se trouvent-elles ici?

DIMISKO, tremblant.

Eh bien, pour vous parler franchement, des Français étaient venus à la ferme nous rançonner; mais... à votre approche, ils ont décampé si précipitamment qu'ils n'ont pas même pris le temps d'emporter leurs coiffures... (A part.) Dieu! s'ils m'entendaient?...

PREMIER COSAQUE.

Ah! ah! ils ont eu peur... ils ont fui comme des lâches... Hurrah! si nous les avions tenus, nous les aurions attachés à la queue de nos chevaux (Jetant à terre les verres et les assiettes.) D'autres verres... d'autres asssiettes! nous ne buvons pas, nous ne mangeons pas dans ce qui a servi à des Français!...

La porte de côté s'ouvre. Biskara, le Brigadier, Broghil et Pharamond se précipitent en scène le sabre au poing. — Au fond paraissent les garçons armés de faulx de fourches.

SCÈNE VII.

LES MÊMES, BISKARA, BROGHILL, LE BRIGADIER, PHARAMOND, NEDJOUMAH, une fourche à la main, GARÇONS DE FERME.

BISKARA.

Vous avez raison, canailles, ce serait trop d'honneur pour

vous. (Stupéfaction des Cosaques, qui se voient entourés de toutes parts.) Vous allez boire et manger dans la vaisselle qui vous convient. Brigadier, passez-moi la soupière de ce particulier que j'aperçois là-bas.

DIMISKO.

Quoi?... l'auge à Antoine!...

BISKARA.

Comme vous dites... Vivement, faites les honneurs.

Pharamond pose l'auge sur la table y verse du vin et le contenu d'un plat.

PHARAMOND, aux Cosaques.

Ces messieurs sont servis.

BISKARA.

Mangez, ou nous sabrons.

LE BRIGADIER.

Il s'agit d'avaler, à présent.

BROGHILL, leur faisant signe de manger.

Mangez où je faisais un pudding de vôs... cosaques!

Les Cosaques résistent; mais on leur met la tête dans l'auge. Un d'eux cherche à s'échapper; Nedjoumah l'arrête avec sa fourche.

NEDJOUMAH.

Un moment, un moment! on ne s'en va pas comme ça! Ah! ah!... A notre tour!... (Coups de feu au dehors.)

BISKARA.

Qu'est-ce que c'est que ça?... encore des Cosaques. (Allant à la porte.) Ils attaquent des camarades portant une femme sur un brancard. Le commandant est parmi eux... Alerte!... alerte!... (Aux paysans.) Mettez ces gaillards-là sous clef et veillez à ce qu'ils ne puissent bouger. (A Pharamond.) Nous autres, au secours du commandant! à son secours!...

Les paysans entraînent les Cosaques. Broghil, Pharamond et les autres sortent.

Dix-neuvième tableau.

LE MOULIN.

Le théâtre représente l'intérieur d'un moulin. — Une fenêtre au fond. — Portes lattérales.

Au lever du rideau, des soldats apportent Juaniska sur un brancard fait de branches d'arbres.

SCENE PREMIERE.

MICHEL, JUANISKA, FLEURETTE, ÉLOI, BISKARA, PHARAMOND.

DORGÈRES, à Fleurette.

Comment va-t-elle?

FLEURETTE.

Elle n'a pas encore repris connaissance.

DORGÈRES.

Biskara !

BISKARA.

Présent, commandant ?

DORGÈRES.

Je crains que la retraite nous soit coupée. Éclaire notre route : sachons au plus tôt à quoi nous en tenir.

BISKARA.

Oui, commandant. (A quelques zouaves.) En avant, vous autres, et vivement ! (Il sortent.)

DORGÈRES, à lui-même.

Le temps que nous a fait perdre ce fatal événement nous a séparés de l'avant-garde. Voyons un peu en dehors ce qu'il y aurait à faire pour se défendre. (Il sort.)

MICHEL.

Ah ! Juaniska, que ne puis-je racheter tes souffrances au prix de tout mon sang !

JUANISKA.

Cette mission terrible dont je me suis chargée, Dieu ne l'a pas bénie... Je courrais l'accomplir, il m'a frappé de sa foudre.

MICHEL.

Oh ! torture !...

DORGÈRES, rentrant.

Percez de meurtrières les murs de cette maison. (Détonation ; les soldats exécutent les ordres de Dorgères ; explosion au dehors.)

BISKARA, rentrant, et à Dorgères.

Commandant, nous sommes cernés Les Russes s'avancent en force.

DORGÈRES.

Barricadez la porte ! (On barricade la porte.) Tu es blessé, Biskara ?

BISKARA.

Un fil fer légèrement endommagé, commandant, il n'y a pas grand mal : je vais ratistoler la chose.

DORGÈRES, regardant par les meurtrières.

Voilà les Russes !... commencez le feu !... (Vive fusillade par les meurtrières.)

PHARAMOND.

Ce petit feu de peloton les a chatouillés agréablement, à ce qu'il paraît... Ils sont pas mal sur le carreau.

LOMBARD, en dehors,

Ohé !.. ohé !... La porte, s'il vous plaît !

DORGÈRES.

Un des nôtres... ouvrez !

SCÈNE II.

LES MÊMES, LOMBARD.

LOMBARD, entrant.

Merci... il ne fait pas bon dehors, fichtre !... Il y pleut du plomb comme si ça ne coûtait rien.

DORGÈRES.

Comment étais-tu resté là ?

LOMBARD.

Caché derrière un arbre, je guignais le colonel russe... Je tenais à le purger, ce Cosaque...

PHARAMOND.

As-tu réussi ?

LOMBARD.

Je crois bien qu'il a gobé ma pilule... Mais, ah ben !... ça ne marche donc plus depuis que je suis rentré, v'là la grêle finie...

PHARAMOND, lorgnant au dehors.

L'ennemi s'est éloigné.

BISKARA.

Oui; prends garde qu'il va nous lâcher comme ça...

DORGÈRES.

N'y comptons pas, amis !... Ménagez vos balles et ne tirez qu'à coup sûr.

PHARAMOND, à la fenêtre.

Le détachement qui occupait le bord du torrent monte par le sentier, traînant avec lui une pièce de canon.

LOMBARD.

Du canon contre cette masure !

BISKARA.

Excusez !... quel honneur nous font ces mangeurs de chandelles !...

DORGÈRES.

Une idée !... camarades ! un homme de bonne volonté !...

PLUSIEURS.

Présent ! présent ! Moi !...

DORGÈRES.

Tous !... Bien, mes braves, je m'y attendais... Mais il faut savoir nager.

BISKARA.

Je sais nager, commandant !

PLUSIEURS.

Moi aussi !... moi aussi !...

DORGÈRES.

L'embarras du choix... car voilà ce dont il s'agit... Gagner le torrent, en essuyant le feu de l'ennemi, le franchir à la nage, et courir après jusqu'à en étouffer, pour atteindre nos postes et demander du secours... Le sort décidera... (A Biskara.) Écrivez les noms des nageurs.

TOUS.

Eh bien, c'est ça...

ÉLOI.

Ma pauvre Fleurette, tu as eu une bien mauvaise idée de venir ainsi avec nous, au lieu de rester au camp...

FLEURETTE.

Pourquoi cela ? Je suis cantinière, Éloi, notre compagnie était détachée, j'ai dû la suivre, c'est mon devoir.

On écrit les noms pendant les lignes suivantes.

DORGÈRES.

Fleurette, profitez de ce moment de calme... sortez de cette chaumière... allez à l'ennemi, il respectera une femme, j'espère, et vous lui direz que je voudrais, avant l'attaque, remettre entre elurs mains la comtesse Taleski.

JUANISKA.

Jamais !... Ne permets pas cela, Michel.

MICHEL.

La remettre entre les mains des Russes, mais c'est la livrer aux plus affreux supplices.

DORGÈRES.

Le général Bromine saura la protéger...

MICHEL.

Ne dites pas cela... ne dites pas cela... elle est la plus digne et la plus pure des femmes... Et vous devez me croire, moi, dont le sang a coulé sous le fouet des Russes pour servir votre cause...

DORGÈRES.

Eh quoi !...

MICHEL.

Oui; ces messages qui ont si souvent préservé vos compagnons d'armes et leur ont donné la victoire, c'est elle... c'est Juaniska qui me les faisait porter...

BISKARA, qui a mis les noms dans un képi

C'est fait... Prrrrenez vos billets... Qu'est-ce qui veut gagner le lingot ?...

LOMBARD, *sur la balustrade de la fenêtre.*

Ce sera moi... Au revoir, la compagnie !

Il saute et disparaît.

BISKARA.

Nous sommes volés. (*Il se dirige vers la fenêtre et regarde ce qui se passe au dehors.*) On ne l'a pas vu... il se glisse derrière les arbres... il descend vers le torrent... (*On entend un coup de feu.*) Ah ! touché !... Non, le voilà dans l'eau... (*On entend un feu de peloton.*) Mille noms d'un nom !... Enfoncé !...

PHARAMOND.

Il plonge peut-être...

BISKARA.

Non... il ne reparaît plus...

TOUS.

Mort !...

DORGÈRES, *ôtant son chapeau.*

Honneur à lui !... Ne le plaignez pas, c'est la digne fin d'un soldat !... Ce sera la nôtre tout à l'heure ; car nous ne nous rendrons pas, n'est-il pas vrai, soldats ?...

TOUS.

Jamais !... jamais !... (*On entend un coup de canon tiré sur la cabane.*)

BISKARA.

Bon !... v'là le bastringue qui commence. (*On riposte de l'intérieur.* Ils se tiennent hors de portée de nos fusils.

DORGÈRES.

Eh bien... il faut enlever leur pièce... En avant !... (*On se forme, on ouvre la porte, on sort. Le feu se déclare au moulin.*)

MICHEL.

Le feu !... le feu !... Dieu, par la main même de nos ennemis, accomplit vos ordres, Juaniska !

JUANISKA.

Que veux-tu dire, Michel ?

MICHEL.

Ce moulin qui brûle donne aux Français le signal du mouvement des Russes.

JUANISKA.

Où sommes-nous donc ici ?

MICHEL.

Dans le moulin de Sarrova !

JUANISKA.

Grand Dieu ! ce feu !... il est la perte de l'armée française... Qu'on l'éteigne... qu'on l'éteigne !...

SCÈNE III.

LES MÊMES, BROHHILL, SOLDATS ANGLAIS, puis LES PERSONNAGES qui sont sortis.

BROGHILL, entrant précipitamment.

— Yiès... yiès... voilà les pompiers! les soldats de mon pétrie !... J'ai réussi à sauvé vo... j'étais very well satisfait.

DES SOLDATS ANGLAIS et FRANÇAIS entrent en criant :

Victoire! victoire!...

ÉLOI.

Victoire!... l'ennemi est en fuite.

LOMBARD, paraissant à la fenêtre et sautant dans l'intérieur.

Et les zouaves sont à ses trousses.

ÉLOI, courant à Lombard.

Lombard... vivant?...

LOMBARD.

Je m'en flatte...

FLEURETTE.

Quel bonheur!

DORGÈRES, rentrant, une dépêche à la main.

Soldats, le maréchal attaquera les Russes au point du jour; la route est libre... Juaniska, à vous tout mon respect! tout mon amour!

JUANISKA, à Michel.

Ah! je suis trop heureuse, maintenant... il m'aime!...

DORGÈRES, aux soldats.

En marche!...

TOUS.

En marche!...

Vingtième Tableau.

Le théâtre représente les ruines de Trajan.

SCENE PREMIERE.

Au lever du rideau les troupes Russes occupent les hauteurs. Les Français viennent et les attaquent dans leur position. — Après une lutte vigoureuse, les Russes sont mis en déroute et taillés en pièces. — Ils fuient et sont poursuivis de toutes parts. — Il ne reste sur le théâtre que des blessés et des morts, parmi les blessés se trouve le général Bromine. — Il se soulève péniblement. — A ce moment le général Zévanoff arrive précipitament.

SCÈNE II.

LE GÉNÉRAL ZÉVANOFF, BROMINE, BLESSÉS, MORTS, puis SOLDATS EN RETRAITE.

ZÉVANOFF, avec égarement.

Général Bromine... au nom de Sa Majesté l'empereur de toutes les Russies... faites battre la retraite et repasser le Danube à vos troupes.

Zévanoff s'éloigne. — Bromine donne le signal de la retraite qui est battue par les tambours. — On voit l'armée Russe se replier. A ce moment le nuage redescend. — Lorsqu'il s'est de nouveau dissipé, les blessés et les morts ont disparu et on voit les habitants des bords du Danube en habit de fête portant des guirlandes, des bouquets de fleurs. Vieillards, hommes, femmes, enfants, sont tous en proie à une vive alégrèsse.

UN PAYSAN.

Les Russes sont en fuite, les Français et les Anglais arrivent.

Vive la France!... vive l'Angleterre!...!

SCÈNE III.

L'armée française et anglaise au son de la musique vient se masser sur le théâtre.

LE MARÉCHAL.

Soldats! les Russes ont échoué devant l'héroïque défense de Silistrie!... et ils ont repassé le Danube sans nous attendre; mais, calmez votre impatience, l'Angleterre et la France dicteront les conditions de la paix, ou les imposeront les armes à la main.

ACCLAMATIONS GÉNÉRALES.

Vive la France!... vive l'Angleterre!... Vive la Turquie!...

FIN.

Paris, imprimerie Morris et Comp., rue Amelot, 64.

www.ingramcontent.com/pod-product-compliance
Ingram Content Group UK Ltd.
Pitfield, Milton Keynes, MK11 3LW, UK
UKHW021102260726
13994UKWH00002B/651

9 782329 343327